KB039344

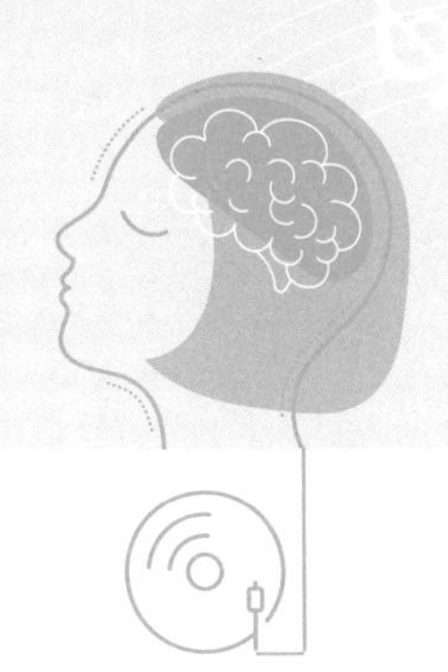

음악의 다섯 가지 마법

내 기분 내 맘대로 조절하기

김은숙 지음 · 오하린 자문

나다운나

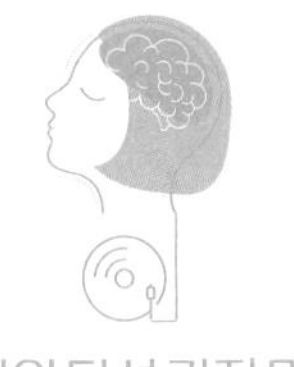

음악의 다섯 가지 마법

내 기분 내 맘대로 조절하기

차례

2부: 음악의 다섯 가지 마법

차례

추천의 글 1

스트레스는 우리 일상에서 뗄레야 뗄 수 없는 그런 중요한 존재가 된 만큼 많은 사람들의 삶을 지배하고 있다. 적당한 스트레스는 일의 효율성을 높여주지만, 개개인이 수용할 수 있는 스트레스 역치를 넘어서게 되면 일을 처리하는 효율성도 사람들을 대하는 태도도 달라지게 되는 것을 알 수 있다.

최근 들어 소셜 미디어 플랫폼·가상세계가 점차 발달하면서 소통이 원할 하게 되는 만큼, 필터 되지 않은 그 순간의 감정들이 교류 된다. 스트레스로 인해 날카로워진 성격이 건강하게 표출되지 못하고 다른 사람의 의견을 포용할 수 있는 역치도 낮아진다. 원만했던 인간관계가 틀어지게 되는 가장 큰 이유이다. 그렇다면 스트레스를 줄이는 방법은 없을까? 많은 사람들이 최근 10년 고안해보았지만 우리가 사는 소통이 넘쳐나는 세대에서 스트레스 받는 일을 줄이기 쉽지 않다.

스트레스를 줄이는 것은 어렵지만 그 반대로 접근할 수 있는 방법은 스트레스를 조절하고 처리하는 능력 키우기이다. 이 책에는 '우리 삶에 가장 가까이 있는 음악을 활용하여 기분을 조절하면 어떨까?'라는 방법을 제시하고 있다.

우리는 옛 조상부터 일상생활에 흥을 사용하는 것을 좋아했으며, 노래방이라는 문화생활이 일상 속에 깊이 스며들어 있듯이 노래를 좋아한다. 하지만 왜 음악을 들으면 기분이 좋아지는지, 왜 자주 찾게 되는지 자세히 설명하기엔 어렵다. 이 책은 이러한 궁금증을 심리학적 그리고 과학적인 기반으로 서술하고 있다. 왜 우리가 음악을 들으면 기분이 좋아지는지, 그리고 자주 청취하게 되는지 궁금한 사람들에게 추천하는 바이다.

더불어 이 책은 정보만 제공하는 또 하나의 여느 자기계발 서적이 아니라 어떻게 하면 실생활에 적용할 수 있는지 체계적으로 알려준다. 음악으로 기분을 조절하고 싶어도 어떻게 적용해야 하는지 갈피를 잡지 못하고 있는 사람들에게 이 책을 추천하고자 한다.

- 오하린(서울대학교 뇌인지과학과)

추천의 글 2

어떤 기억과 강렬히 연결되어 있던 음악을 들으면 그 음악과 연결된 추억의 장소, 계절과 분위기, 그때의 기분이나 느낌, 감정과 냄새까지도 떠오르는 경험을 해본 적이 있을 것이다.

"오늘은 이런 음악을 듣고 싶어", "이럴 때에는 이런 음악이지!"

우리는 은연중에 음악을 사랑하고 음악을 기억하고 음악에 나의 기분을 의지하고 맡기기도 하지만, 음악을 어떻게 잘 활용해야 하는지는 잘 모른다. 그저 약간의 감각에 의존하고 있을 뿐.

이 책은 음악을 어떻게 우리 삶에 잘 녹여내고 다룰 수 있는지에 대해 쉽고 자세하게, 또 재미있게 풀어낸다. 읽다 보면 고개를 끄덕이며 음악의 힘에 대해 공감할 수도, 음악과 관련된 다양한 실험과 이론에 대해 신기함과 경이로움을 느낄 수도 있을 것이다. 뿐만 아니라 이를 어떻게 우리 일상에서 활용할 수 있을지 친절한 가이드도 담겨 있다. 심리를 조절하는 기술에 도움을 받고 싶은 운동선수, 매장 음악에 대해 고민하는 자영업자, 집중력을 향상시키고 싶은 수험생, 나에게 집중하고 분위기를 주도하고 형성하며, 기분을 조절하고 싶은 그 누구에게도 들려주고 싶은 이야기들이다. 아마도 이 책은 우리들이 사랑하는 '음악'을 일상 생활에 더욱 잘 녹여낼 수 있도록 만들어줄 것이다.

- 박지혜(한국체육대학교 일반대학원 이학박사(스포츠코칭))

이 책을 100% 활용하는 방법

내 기분을 내 맘대로 조절할 수 있다면 내 삶은 어떻게 바뀔까?

우선 순간의 우울, 불안, 짜증, 화 같은 감정들 때문에 업무나 시험과 같이 중요한 순간에 일을 그르치는 일이 사라질 것이다. 또 하루 종일 쌓인 피곤함과 감정 스트레스로 인해 가족에게 마음에 없는 말을 하는 일도 없어질 것이다. 하지만 그보다 더 본질적이고 중요한 것은 내가 울고 싶을 때 울어서 슬픔을 풀어내고 내가 화내고 싶을 때 그 감정을 건강하게 잘 컨트롤할 수 있게 되는 삶일 것이다. 그렇게 할 수만 있다면, 우리 모두의 정신 건강은 훨씬 더 건강해지지 않겠는가? 감정이 쌓여 곪아 터질 일이 없을 것이니 말이다.

이 책은 이런 불가능해 보이는 일을 음악의 다섯 가지 마법을 통해 독자들의 삶에 가능케 하고자 한다. 하지만 저자는 이 책이 음악이 얼마나 낭만적이고 신비한가를 말하는 그저 추상적이기만 한 책이기를 원치 않았다. 그래서 조금 어렵더라도 과학적 근거들을 넣어 내용의 신빙성과 신뢰도를 높이고자 하였다. 믿을지 모르겠지만 이 다섯 가지 마법은 서양권에서 이미 널리 퍼져가고 있는 보편화된 음악 사용법이다. 영국에 거류하며 실제로 확인하고 적용해 본 저자의 경험과 다양한 뇌과학적 근거들이 모여 이 책이 만들어졌다. 학교나 가정에서 감정을 다스리는 법을 배운 적이 없는 현 세대 사람들에게 꼭 필요한 실용 서적이 되길 바라는 마음에서이다.

원리를 그렇게 튼튼히 설명한 만큼 적용법도 함께 넣어 실생활에 적용할 수 있도록 했다. 책의 곳곳에 자리한 QR코드를 스마트폰으로 촬영하면 각 챕터가 말하는 음악이 어떤 음악인지 직접 들어볼 수도 있도록 했다. 각자에게 맞는 플레이리스트 예시가 있다면 언제든지 삶에 활용해도 좋다.

이 책은 활용을 위한 실용서적이다. 감정과 스트레스를 다루는 데에 불편함을 겪는 사람이라면 누구나 도움을 얻을 수 있도록, 음악의 다섯 가지 마법을 100% 체득할 수 있는 활용법을 제안한다.

1. 플레이리스트 기능이 있는 음악 스트리밍 서비스에 가입할 것

다양한 플레이리스트들이 이미 구비되어 있는 사이트가 좋다. 스포티파이, 멜론, 유튜브, 애플 뮤직, 네이버 VIBE 등 다양한 음악 스트리밍 플랫폼들에서 플레이리스트 기능을 운영하고 있다. 애플 뮤직, 스포티파이는 '플레이리스트'라고 명명하고 있고, 멜론, 네이버 VIBE 등은 'DJ'라는 용어를 사용한다.

다양한 플랫폼이 있으나, 이 중 현재까지 플레이리스트가 가장 다양하게 발달한 스포티파이와 멜론, 유튜브 프리미엄을 추천한다. 다양한 플레이리스트들이 있어야 더 다양하고 복잡한 실제 삶의 현장에 적용할 수 있기 때문이다.

또한 중간 광고를 곡 사이 사이에 들으면 음악 활용 효과가 크게 감소한다. 광고가 나오지 않는 플랫폼, 광고가 없는 유료 서비스를 이용하기를 권장한다. 음악으로 삶의 질, 정신 건강이 크게 향상하는 것을 경험하고 싶다면 구독료가 아깝지 않을 것이다.

2. 나의 감정과 생각에 귀를 기울이기로 결단할 것

바쁜 일상 속에서 우리는 종종 스스로의 감정을 억누르고 외면하고 사는 것을 편하게 느낀다. 하지만 당장의 순간을 모면하는 것일 뿐, 삶이라는 긴 여정을 놓고 봤을 때 결국 더 돌아가는 길이다. 한번 받은 감정 스트레스는 사라지지 않고 무의식 속에 잠자고 있을 뿐이다. 결국 다시 돌아오고 끊임없이 삶을 불편하게 하며, 어떤 경우 자신의 성격 형성에도 영향을 주는 중대한 요소가 된다.

만약 스스로의 상태를 살펴볼 마음이 없다면 음악으로 감정을 조절하는 기분 조절법 또한 온전히 누릴 수 없다. 내가 어떤 감정을 느끼고, 어떤 스트레스를 받고 있는지 인지하고 정확하게 알수록 음악의 활용도는 높아지며, 그와 동시에 당신 스스로와 더욱 친밀해질 수 있다. 진정한 효과를 누리고자 한다면, 이 책을 읽으며 스스로를 돌아보고 살펴볼 기회로 삼길 바란다.

부정적으로 느껴지는 감정도 내가 알아야 하는 나에 대한 필수 데이터이다. 그 감정들이 오늘날 당신의 성격을 형성하고 있는 큰 요소일지도 모른다. 감정들을 조금씩 더 인지하고, 근본적으로 왜 생겨났는지 이해하려는 시도를 해 보며 스스로와 대화해 보라. 부정적 감정도 나의 일부이다. 불편한 감정이 들 때마다 자꾸 억지로 무마시키고 다시 행복한 상태로 끌어올리려고 노력하면, 나중에 탈이 생길 가능성이 더 많다. 곰곰이 생각해 보자. 24시간 행복함에 웃고 있는 사람들과 세상을 상상해보라. 그것도 인간으로서 참 인위적이고 부자연스럽지 않은가? 그런 소재의 공포 영화도 있을 정도이니 말이다.

3. 이 책의 구성, 각 마법의 적용법 찾기

1부에서는 왜 음악을 통한 기분관리법이 필요한지, 또 음악의 힘을 이론적으로 배워보고, 2부에서는 본격적으로 삶에 적용할 만한 음악의 다섯 가지 마법을 그 원리와 함께 소개한다.

각 챕터도 원리와 적용 파트로 나누어져 있는데, '적용하기' 꼭지를 넣어 독자가 필요할 때 적용법을 쉽게 찾을 수 있도록 했다. 빠르게 QR코드들을 찾고 싶다면, 각 챕터의 적용하기 편을 살펴보면 된다.

1부. 음악의 힘 이해하기

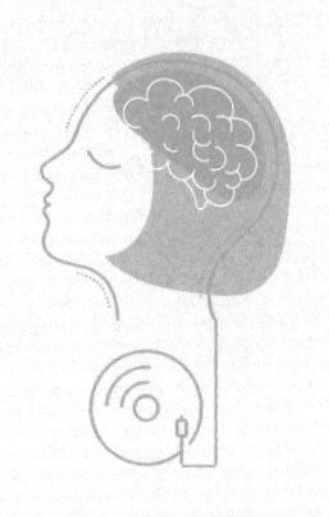

우리가 인지하지 못할 뿐,
우리의 하루는
'듣는 일'로 가득 차 있다.

모더니티,
현대 사회 속 음악

도구로써의 음악

한국인들은 음악을 참 좋아한다. 노래방에 다 같이 모여 함께 노래 부르는 것도 좋아하고, 방송국들은 앞다투어 황금 시간대에 음악 예능을 방영할 정도로 음악 공연 보는 것을 즐기는 민족이다. 특히 엄청난 기량의 가수들이 라이브로 공연하는 모습이 담긴 영상들은 텔레비전에서나 스마트폰 플랫폼에서나 인기가 많다.

하지만 늘 음악을 듣고, 보고, 부르기도 하는 흥의 민족임에도 불구하고 한국인들에게 음악은 아무래도 '예술'에 가까운 것 같다. 나와는 다른 세상에 사는 것 같이 가창력이 좋은 가수들과 연예인들의 공연에는 짜릿짜릿함을 느끼며 대리 만족을 느끼지만, 나와 가까운 가족과 친구들이 주체적으로 음악을 사용할 수 있다고는 쉽게 생각하지 못한다. 음악은 음악적으로 훈련된 예술가들만이 다룰 수 있는 '예술'이라는 인식이 많은 것이다.

잘 돌이켜보면 우리도 모르게 갖고 있는 예술에 대한 판타지도 있을 수 있다. 영감으로 가득찬 음악인들만이 만들고 연주할 수 있는 독점적이고 복잡한 예술. 일반인들에게서는 아주 멀리 떨어진 다른 세상의 이야기 같이 느껴질 수도 있다.

하지만 음악은 예술의 한 종류일 뿐만 아니라 일상에서 우리와 함께하는 일상적 존재이다. 사실 우리도 모르는 사이에 우리의 일상 속에 이미 들어와 있는 아주 가까운 존재라는 것을 아는가? 우리는 원하든 원하지 않든 도시를 살면서 늘 음악을 들으며 부대끼며 살고 있다.

믿을지 모르겠지만 서양권에서는 이미 자신의 필요에 따라 매일의 삶 속에서 음악을 사용하는 것이 흔한 모습이 되었다. 여러 음악을 한데 묶은 플레이리스트 기능을 사용하여 자신의 기분이나 신체 에너지 수준을 조정하는 법을 터득해 가고 있기 때문이다.

과도한 스트레스로 각성되어 있는 상황에서 침착한 음악을 들으면 스스로를 순식간에 진정시킬 수도 있고, 힘들고 반복적인 단순 노동을 할 때, 신나는 음악을 들으면 지루함이나 고통이 경감되어 일을 더 쉽게 해내게 되기도 한다. 하지만 이런 방법들은 간단하지만 아직 한국 사회에 널리 알려져 있지 않다.

음악이 어떻게 작동하는지 알게 되면, 우리 모두는 단순한 '청자'가 아닌 '음악 사용자'가 될 수 있다. 사람들이 어떻게 자신의 기분 조절을 위해 음악을 사용하는지, 마케터들이 음악을 사용하여 어떻게 내 마음을 조종하는지 눈치채는 순간, 우리는 단순히 듣기만 하는 청자를 넘어 음악을 사용하는 '사용자'가 되는 것이다.

그때 우리는 우리의 감정과 기분을 음악으로 조절할 수 있게 되며 감정과 기분이 조절되니 삶의 능률, 생산성, 효율성도 동시에 올라가고 더 나아가 정신 건강을 스스로 관리하는 도구를 얻게 되는 것이다. '음악이 그 정도 힘이 있을까?'하고 의문을 품는 사람들도 있을 수 있겠다. 그 부분은 차차 '음악은 무시무시하다' 챕터에서 살펴보기로 하자.

음악을 돈 주고 하나하나 살 필요 없이 스트리밍 이용권만 구매하면, 또는 광고 몇 개만 보고 나면 음악을 들을 수 있는 편리한 세상이다. 이런 세상에서 가장 싸고 효과적으로 스스로의 정신 건강을 챙길 수 있는 방법, 능률을 높일 수 있는 방법은 음악을 사용하는 것이다. 음악을 예술이 아니라 실용적이고 가성비 좋은 기분 조절 도구로 인식하라. 당신의 삶의 무게를 반으로 줄일 수 있을 것이다.

모더니티, 현대사회

세상의 모든 것은 높아질수록 그림자가 생긴다. 키가 큰 나무는 기다란 그림자를 만들고, 건물의 높이가 높으면 높을수록 더 넓은 땅이 태양으로부터 가려진다. 도시가 아파트와 고층건물로 채워지는 만큼 우리가 볼 수 있는 하늘도 그만큼 작아진다.

산업혁명 이후 인류가 경제성, 효율성, 그리고 편리를 향하여 전력을 다해 질주해왔다는 것은 우리 모두가 배우고 경험한 사실이다. 경제, 산업, 과학, 정치, 철학, 예술 등 모든 분야들이 고도의 발전을 이룩했고 앞으로도 우리의 예상을 뒤엎는 발명, 발견, 발전들이 무궁무진할 것이다.

하지만 큰 산이 큰 그림자를 만들 듯이 기술이 축적되고 더욱 공교해진 만큼 도시는 그만큼 더 회색빛이 되었다.

음악으로 자신의 기분을 자기 맘대로 조절하는 방법을 설명하기 위해서는 먼저 내 기분이 오늘 왜 이런 상태인지를 이해하는 것이 중요하다. 그리고 내 기분과 상태를 이해하기 위해서는 우리가 살면서 사회에서 어떤 감정과 상황을 경험하고 사는지를 면면히 알아보아야 한다. 우리 사회가 현재 우리에게 제공하는 '오늘'을 잘 이해하고 그 오늘을 살아가는 나를 이해하려고 노력할 때, 음악은 손쉽게 감정을 조절해 주는 아주 편리한 리모컨이 되어줄 수 있다.

도시는 바쁘고 빡빡하고 숨 쉴 공간이 많지 않다. 편리와 편의를 위한 발전이라고 생각하며 달려왔건만, 어쩐지 현대인들이 느끼는 삶의 질은 악화된 것만 같다. 한때는 귀농생활을 꿈꾸는 사람이 우후죽순 생겨났고, '힐링'이 최대의 키워드이다. 오늘도 힐링 여행을 염원하면서 갈 수 없는 휴양지 호텔과 비행기표 가격을 비교하고, 언제쯤 코로나 걱정 없이 해외에 갈 수 있을까 한숨을 쉬며 공부터와 일터로 출근하는 사람들이 많다.

현대 사회는 종종 '모더니티'라는 용어로 설명된다. 모더니티는 근대 사회의 어떤 특정한 사회문화적 특징을 뜻하는 단어인데, 여기에는 근대 사회에 들어오면서 생긴 사회적 규범, 사람들의 태도, 관습 같은 문화적 특성이 포함되어 있다.

모더니티의 시작은 보통 17세기, 18세기, 자본주의의 발현에서 왔다고 본다. 자본주의가 본격적으로 시작되면서 그와 관련해 사회적으로 어떤 변화가 생겼는지에 대한 용어이다. 이 모더니티는 학자들마다 조금 다르게 규정하는데, 어떤 이들은 2차 세계대전에서 끝났다고 보고, 어떤 학자들은 양상이 조금 변했을 뿐 현재까지 모더니티의 흐름이 이어지고 있다고 분석하는 학자들도 있다. 하지만 모든 학자들이 공감하는 점은 자본주의가 본격화되면서, 이전과는 다른 어떤 거대한 본질적인 변화가 인간의 삶에 생겼다는 점이다.

돈과 계급

전통적 사회방식과 달리 현대 사회는 더욱 개인주의적이고 자본주의적인 사회가 되었다. 모두가 같은 '돈'이라는 화폐를 사용하면서 우리는 인간을 부의 기준으로 일렬로 나열할 수 있을 정도로 각자의 재산을 비교하지 않을 수 없게 되었다.

그도 그럴 것이, 화폐는 나라가 망하지 않는 이상 가치가 보존되는 시스템이다.[01] 세상 모든 것은 변한다. 연인 간에 두텁던 사랑도 변하고, 절친한 친구와도 어느 날 관계가 변하거나 절교하게 되기도 한다. 내 가족도 시간이 지나면 세상을 떠날 수 있다. 젊음과 건강도 시간이 지나면 사라지고, 권력도 사실 영원하지 못하다. 하지만 돈은 미래에 대한 확실함을 선사해 준다. 사실 환율을 들여다보면 돈도 100% 확실한 것은 아니다. 달러 투자나 해외 주식을 사본 경험이 있다면 해외 송금을 할 일이 많은 사람이라면 알 것이다. 오늘 내 손에 있는 만원이 내일은 어느 나라에서 9천원이 될 수도 있고 만 천원이 될 수도 있다는 것을 말이다. 하지만 종교를 가지지 않고서야 인생에 다른 모든 것에 비하면 그나마 확실한 것이 돈이지 않을까?

자본주의와 시장경제 사회에서는 돈이 얼마나 많은가에 따라 삶의 질이 결정된다. 간단히 조선시대와 같은 계급사회(봉건사회)를 떠올려 보면 자본주의가 얼마나 본질적인 변화를 일으켰는지 알 수 있다.

조선시대로 돌아가 보자. 대체로 양반이 평민보다 부를 가진 경우가 많았지만 양반이라고 다 부유한 것은 아니었다. 그러나 사회에서는 계급이 높다는 이유만으로 대접받으며 살았다.

특히 유교의 영향을 많이 받은 아시아권에서는 어른 공경문화도 계급사회와 비슷한 역할을 했다. 돈이 많건 적건 상관없이 나이가 많으면 각 계급층에서 존경과 대우를 받는 사람이 되었다. 돈보다 더 중요한 사회적 가치가 있었기 때문에 돈에만 목숨 거는 것을 오히려 장사치의 일이라고 여겨 업신여겼으며, 고귀하지 못한 사람을 뜻하는 '상놈'이라는 말도 본래 상인을 뜻하는 말이었다.

하지만 자본주의 사회의 시장경제는 계급적으로는 평등한 사회이다. 그리고 유일하게 계급과 비슷한 역할을 할 수 있는 것이 '돈'이 되었다. 돈이 계급과 같은 역할을 하다 보니 '부'가 절대적이고 유일한 가치가 되었다. 돈만 있으면 반지하 쪽방이 아닌 펜트하우스에 살 수 있고, 돈을 생각하지 않고 먹고 싶은 음식을 먹을 수 있는 자유가 생긴다. 삶의 질이 돈으로 결정되는 것이다.

돈으로 묶인 운명 공동체

게다가 돈 버는 것은 나의 삶의 질만을 위한 것이 아니라 내 가정을 위한 일이기도 하다. 유복한 가정에서는 자녀를 해외 유학 보내는 일도 자녀에게 건물을 사주는 것도 어렵지 않게 해낼 수 있다. 자녀에게 많은 기회와 높은 삶의 질을 제공해 주기 위해 부모들은 더욱 열심히 돈을 번다.

돈이 절대적인 가치인 사회에서, 기업들의 제 1목표는 당연히 가장 많은 수익을 내는 것이다. 더 많은 수익을 내기 위해 회사는 수익으로 얻은 돈을 재투자하여 직원을 뽑아 일을 늘리고 매출을 더 올린다. 하지만 돈의 흐름은 거기에서 그치지 않는다. 그 회사에서 뽑은 직원은 회사에서 받는 돈으로 또 자기 자신의 삶의 질을 높이고 그들의 가족의 삶을 위해 사용하기 때문이다.

그러니 기업이 커질수록 회사는 사장 한 명의 수입만을 생각하는 단체가 아니게 된다. 기업이 커질수록 기업 운영은 기업에서 일하는 직원들과 그들의 가족들의 삶의 질을 올리고, 그들의 의식주를 책임지는 중대한 일이 되는 것이다. 기업들이 망하면 개인들도 함께 망하는 운명 공동체가 된 것이다.

그렇기에 더 이상 상업활동과 경제활동을 하는 사람은 천한 사람이 아니라 이 사회의 근간을 떠받들고 있는 중요한 사람이다. 그리고 그들은 국가적 차원에서 멸시와 천대 대신 도움과 존중을 받게 되었다.

망하면 큰 일. 효율성과 체계성

돈을 버는 활동이 이렇게 여러 사람의 인생에 영향을 주는 중요한 일이다 보니 사람들은 무엇을 하든지 적은 돈으로 많은 수익을 내려고 모든 할 수 있는 노력을 다하게 되었다. 이런 시장 논리는 내면의 만족감이나 기분과 같은 주관적인 개념보다는 그것에 따르는 비용이 얼마냐는 숫자에 초점을 맞추게 한다.[02] 기업들은 투자금은 최소로, 판매가격은 최대로, 하지만 가격 경쟁에서 뒤지지 않는 대단히 어려운 목표를 가지게 된다. 그리고 이 어려운 목표를 반드시 이뤄야만 한다. 내가 망하면 나의 삶만 고생하는 것이 아니라 줄줄이 고생하는 운명 공동체가 있기 때문이다.

그러니 주먹구구식으로 일하는 것이 아니라 어떠한 방법론을 가지고 체계적이고 효율적으로 일하는 것이 중요해진 건 당연하다. 효율성이 가장 중요한 업무 가치이기 때문에 지금의 업무 방식이 시간과 가격 대비, 노동량 대비 효율적인지 계속해서 반추해 보는 직원 평가를 실시하고, 사업 평가를 한 뒤 부족한 점이 있다면 더 좋은 방식과 더 빠른 매뉴얼을 만들어내도록 회의를 끊임없이 하기 시작한다. 인건비와 같은 지출이 상시 일어나는 프로젝트를 진행할 때에는 바로 일을 시작하는 것이 아니라 그 업무의 결과가 어느 정도는 성공적일 거라는 예측이 우선이다. 어떤 사업적 목표가 되었든, 그것을 과연 이룰 수 있을지 현실적으로 계산해 보고, 위험도를 체크해 보는 방어 전략도 필수이다.

현 기성세대나 MZ세대가 부모 또는 조부모 세대들과 느끼는 세대차이에도 이러한 모더니티, 역사적·사회적 특성이 꽤 기여하고 있다. 위 문단들을 읽으면서 모든 문장에 공감하고 더 나아가서 너무나도 당연한 말이라 지겹게 들리는 사람이 있는가 하면 전혀 공감하지 못하고 '그렇게까지 하고 살아야 하냐'고 생각하는 사람들도 많다.

현대화의 과도기 시기 또는 농경사회의 영향권에 살았던 세대들에게는 종종 효율성이나 체계성보다 더 중요한 가치가 눈에 보인다. 때로는 효율적인 방법이 아니더라도 사람 또는 공동체의 명예나 체면을 지키는 방법을 선택하기도 하고 체계적이지 않더라도 전통을 그대로 승계하는 것이 중요한 가치인 경우도 있다. '늘 이렇게 해왔다'는 항상성이 주는 안정감이 더 중요한 가치인 사람도 있고, 이미 작동하는 방법이 있는데(현 방법이 작동하지 않는 것도 아닌데) 굳이 더 나은 방법론을 개발하려고 노력하는 것을 시간낭비이자 불필요한 일로 여기는 사람도 있다. 현대사회의 '빨리 빨리'보다는 편했던 그 시절의 '좋게 좋게'를 선호하는 관계적 가치가 더 중요한 사람도 있다.

감정 소모의 시대

효율적인 현대 사회가 과거보다 훨씬 더 좋다고 생각하는가? 어느 한 편이 좋고 나쁘다고 판단하기에는 섣부르다. 현대 도시 사람들은 효율성과 체계성이라는 가치를 양손에 무겁게 들면서도 얼굴로는 사회적으로 예의바르고 프로페셔널한 태도를 잃지 않아야 한다는 감정적 스트레스를 안고 살아간다.[03] 아주 복잡한 인생살이가 된 것이다.

우리가 진정 체계성과 효율성을 목표로 삼으려면 아마도 모두에게 감정적인 의무를 제해야만 가능할 것이다. 감정을 철저히 분리시켜서 일할 때는 개인적인 감정은 완전히 묻어둘 수 있어야 가능할 것이다. 로봇처럼 일만 제대로 해내도록 하는 시스템이 필요하다. 사실 사람들의 기분을 생각해서 부드럽게 돌려 말하는 것보다는 짧고 간결한 말로 시간을 단축하고 직설적으로 말해야 가장 효율적인 업무가 될 것이다. 하지만 인간들이 함께 살아가는 이 세상은 로봇들의 사회가 아니기 때문에 우리는 다른 사람의 감정도 스스로의 감정도 스위치 끄듯이 껐다 켰다 할 수 없다. 감정의 문제는 앞으로도 영원히 어려울 것이다. 인간들끼리 부대끼고 산다는 것은 서로의 기분을 신경 쓰며 사회활동과 상호작용을 하며 살아간다는 것이기 때문이다.

또한 감정이 상하고 스트레스가 쌓인 노동자는 기분이 좋은 노동자보다 생산성이 확연히 떨어질 수밖에 없다. 그렇기 때문에 효율성의 시대는 사실 '서로의 감정을 지켜주면서 효율적으로 일하는 사회'인 것이다. 자칫 누군가의 기분을 상하게 해서 더 시간을 낭비하고 지체하는 일도 없어야 하기 때문이다. 그 또한 성과를 저해하는 일이다.

성과주의는 인간에게 참 다양한 것들을 요구한다. 조금만 생각해보면 이 요구가 인간이 감당하기 상당히 어려운 주문이라는 것을 알 수 있다. 그러나 이 주문을 우리는 매일매일 당연한 듯 익숙하게 받고 살아간다.

현대 사회의 감정적 요구항목들은 어느 것 하나 가볍지 않다. 특히 감정노동이 필요한 서비스 직군에게 이 사회적 책임의 무게는 납덩어리처럼 더욱 무겁게 다가온다.

사무실의 공기를 부드럽게 유지하는 것, 고집 센 상사의 기분을 맞추는 것, 이해되지 않는 동료나 부하 직원을 상냥하고 참을성 있게 도와주는 것, 고객이나 동료가 무례하게 대하더라도 표현하지 않고, 끝까지 예의를 지키며 응대를 해야 한다는 의무감 등이 가장 흔하게 마주하는 사업장 감정 노동일 것이다.

감정 노동 직군으로 예를 들어보면 감정 노동이 무엇인지 더 알기 쉽다. 비행기 표와 여권 확인, 출발 준비, 좌석 안내와 물건 판매 등을 하는 승무원이 그 중 하나이다. 식사 시간에는 주문을 받고 서빙하는 종업원의 일까지 수많은 전문적인 업무들을 주어진 내에 해내야, 비행기가 뜰 수 있고 여행이 가능하다. 그렇게 해내는 데에는 효율성과 체계가 필수이다. 하지만 그걸 다 해내는 와중에 '예의'와 '친절함'이라는 감정적 서비스 가치를 반드시 수행해야 하기 때문에 예쁘지만 다소 불편한 유니폼에 구두를 신고도 흔들리는 비행기 안에서도 항상 웃는 얼굴과 부드러운 목소리 톤으로 모든 업무에 임해야 한다. 개인적으로 심란한 일이나 가정에 참담한 일이 생기더라도, 큰 돈을 지불하고 승차한 손님들을 위해, 또 업무를 위해 억지로라도 감정을 억누르고 웃어야만 하는 비극이 종종 일어난다.

감정노동자 보호법이 생기기 전, 지금으로부터 바로 몇 년 전까지만 하더라도 '전화 상담원'은 상담 고객이 자신에게 어떤 욕설과 무례를 범해도 먼저 전화를 끊어서는 안되며, 감정이 상했더라도 티를 내지 않을 뿐만 아니라 행복한 듯한 목소리로 상담을 응대해야만 했다. 현 사회는 그동안 인간으로서 당연히 느끼는 상처, 스트레스와 피로를 고려하기보다는 '잘해라', '더 좋은 성능을 내라'와 같은 기계적이고 성과적 요구만 반복해왔던 것이 사실이다. 이렇게 복잡한 정신적인 요구들과 업무를 동시에 진행하며 살아가는 것이 어느덧 현대 사회의 일상적인 삶의 방식이 되었다.

사실 인간이라면 누구라도 이런 사회에 지칠 수밖에 없다. 육체적으로 힘든 것과 더불어 정신적인 피로도마저 상당히 높은 생활을 강행해야 하기 때문이다. 이 모든 것을 다 잘 수행하고도 지치지 않는 존재는 기계밖에 없을 것이다. 모든 것을 다 잘하는 완벽한 사람이 되려고 노력할수록 스스로의 정신과 육체를 해치는 일이 된다.

그래서 요즘은 구글 듀플렉스라는 가상 상담원을 선두로 기계들이 AI 기술을 통해 간단한 감정노동 업무를 하나, 둘 맡기 시작했다. 이제 일손이 부족한 사업장들을 위한 AI 전화 예약 상담서비스가 생겨났고, 이젠 고객센터에 전화를 걸어도 실제 상담원과 통화되는 데까지 한참 동안 1번, 2번, 3번을 누르거나, 음성인식 기술을 통해 상담 주제를 말해줘야 하는 경우가 많아졌다.

AI는 앞으로 눈부신 발전을 이룩할 것이다. 더욱 복잡한 업무도 수행할 것이다. 하지만 기계가 고객의 궁금증과 기분을 완벽하게 맞추지 못하는 순간은 반드시 있다. 그 순간, '상담원 연결' 기능이 필요할 것이다. 가까운 미래에 인간이 감정 노동으로부터 완전히 자유로워지는 것은 아마 불가능할 것이다. 그러므로 감정 노동의 사회에서 받는 스트레스와 정신적 피로를 어떻게 건강하게 해소할 것인가라는 주제는 인류에게 절대적으로 중요한 과제라고 할 수 있다.

그리고 우리 삶의 스트레스와 고민들이 육체 노동에서 오는 피로함뿐만 아니라 정신적인 스트레스에 상당 부분 기인한 것이라는 것을 인지하는 것이 중요하다. 고된 육체 노동을 하지 않는 사무직이라고 덜 피로한 것이 아닐 수도 있고, 육체 노동을 하는 사람이라고 해서 더 스트레스를 받는 것은 아닐 수도 있다는 말이다. 육체 노동이나 단순 노동이 너무 안 맞아서 '내근'이 상팔자라고 생각하는 사람도 있는가 하면 깊이 생각하고 없는 아이디어를 억지로 끄집어내어 일을 창조해내고는 상사에게 비판만 받는 소위 '골머리 썩는 일'에 염증이 난 사람도 있다. 사무실에 앉아서 정신적 스트레스를 받느니 생각할 필요 없이 몸만 피로한 육체 노동이 낫겠다고 하는 사람도 있는 것이다.

우리 삶이 힘들고 팍팍한 데에는 이런 복잡한 원인이 있다. 직업적 스트레스만 다뤘지만, 비슷한 양상은 가정에서도 계속된다. 집 안이 화목하지 못할 때에는 오히려 밖에서보다 집 안에서 감정적인 소모가 더 큰 사람들도 있다.

감정적 스트레스는 몇 날 며칠 푹 잔다고 해결되지는 않는다. 그렇다고 이런 이야기는 너무 복잡하고 우울하니 외면하고 잊어버리고 살자고 결심한다고 해서 스트레스로부터 해방되는 것은 더욱 아니다. 그렇다면 우리는 이런 매일의 감정적 스트레스를 어떻게 풀어야 할까?

감정적 스트레스는 감정적인 도구로 풀어야 한다. 음악은 감정의 언어라고들 하지 않는가? 그래서 현시대를 살아가는 우리의 스트레스와 상처를 더 손쉽게 해체하고 해결해 줄 수도 있는 것이다.

현대 사회의 소리

소리의 관점에서 현대 사회를 관찰해 봐도 도시는 사람이 살기 좋은 환경이 아니다. 시끄러운 일터나 작업장에서 일하는 사람이라면 북적대던 손님들이 사라지거나 작업하던 기계가 꺼지면서 지속적이던 소음이 사라질 때, 갑자기 찾아오는 안도감을 경험해 봤을 것이다. 소음을 듣는 동안에는 잘 인지하지 못하다가 소음이 사라지면 느껴지는 자유함과 안도감, 평화가 있다.

우리 뇌는 청각적 신호를 처리하여 어떤 소리인지 인식하고 위험을 알리는 소리라면 바로 경각심도 들게 하는 똑똑한 기관이다. 그래서 강렬한 청각적 경험은 별거 아닌 것 같아도 뇌를 열심히 가동하게 하기 때문에 우리의 에너지를 소모하고 사람을 지치게 할 수 있다.

우리가 인지하지 못할 뿐 우리의 하루는 '듣는 일'로 가득 차 있다. 아침에 잠을 깰 때부터 많은 이들은 깊은 숙면을 깨울 만큼 우렁찬 알람소리를 들으며 하루를 시작한다. 아침부터 창밖으로 지나가는 오토바이 소리나 자동차 클랙슨 소리가 들리기도 한다. 도로변에 사는 사람들은 강력한 소음방지 창문이 없는 집이라면 눈 뜨는 순간부터 교통소음을 듣는 경우도 허다하다. 씻으려고 화장실에 가면 곧 수도꼭지와 샤워기에서 인위적으로 강하게 뿜어져 나오는 큰 물소리가 들린다. 출근이나 등교를 하기 위해 집 문을 나설 때는 도어록 소리. 함께 사는 가족이 있다면 시간에 쫓기는 듯한 다른 가족원의 말소리도 중간중간 섞인다.

출근 또는 등교를 위해 건물을 나서면 우리 귀로 들어오는 소음의 전체적인 음량은 이전과는 비교할 수 없을 만큼 커진다. 자동차와 오토바이들이 지나가는 소리가 저 멀리서, 어느 정도 멀리서, 또 바로 길 건너에서, 옆 골목에서 동시다발적으로 울려 함께 섞이기 때문이다. 골목길이 조용하다고 생각될 때라도 가만히 서서 귀를 기울이면 저 멀리서 울려 퍼지는 은은한 교통 소음을 들을 수 있을 것이다.

이렇게 귀를 강렬히 울리는 교통소음이 들려올 때, 우리의 뇌와 귀는 청력기관을 보호하고자 스스로 소음에 둔해지도록 감도를 내려, 어느 정도 이상 큰 소리가 아니면 인지하지 못하게 한다. 모든 소리를 하나하나 다 듣고 살면 매순간 얼마나 머리가 아프겠는가?

버스를 타면 카드 찍는 높고 쨍한 '삑-'소리로 시작하여 매 정거장을 알리는 안내방송을 들어야만 한다. 안내방송 사이사이 끼워진 음성 광고들은 현존하는 교통소음을 비집고 나와 사람들의 귀를 사로잡아야 하기 때문에 더욱 크고 강렬한 소리로 채워져 있다. 지하철도 마찬가지이다. 지하철은 운행하면서 낮은 철로 소음과 철로 긁히는 소리 등이 지속적으로 울리기 때문에 저음역대의 소음을 출근 내내 듣게 된다. 매 역마다 들리는 안내방송과 환승 음악 혹시 여기에 '유튜브', '넷플릭스' 등의 비디오 플랫폼 또는 모바일 게임 사운드까지 사용하여 빈틈없이 소음을 채우고 있다면 당신의 귀가 아직 건강하다는 점에 감사해야 한다.

하루 일과 중 아침부터 출근길까지만 설명했을 뿐인데도 이미 우리 귀가 많은 소음에 노출되어 있다는 것을 알 수 있다. 나머지 하루도 마찬가지이다. 점심시간에 식당에 가도 퇴근 후 어느 가게에 들어가도, 헬스장에 가도 배경음악이 나온다. 사람이 많은 실내에 들어가면 사람들 말소리, 밖에 나오면 교통소음이 꽉 채우는 것이 종종 도시 생활의 현실이다. 요즘은 엘리베이터에서도 음악이나 광고 음향이 들리기도 한다.

퇴근 후 집에 돌아오면 좀 조용해질 것 같지만 우리는 조용한 상태로 스스로 내버려 두지 않는다. 조금 조용하다 싶으면 스스로 텔레비전과 컴퓨터, 스마트폰을 사용하여 다른 소음에 귀를 지속적으로 노출시킨다.

하루를 시작하며 내가 어떤 소리를 듣고 있는지 주의 깊게 관찰해 보면 소음, 음악, 음향 등 많은 사운드로 꽉 찬 하루라는 것을 쉽게 알 수 있다. 특히 도시에 사는 사람들은 절실히 공감할 것이다. 이것을 '도시소음'이라고 한다. 이러한 소리는 우리의 뇌에 셀 수 없이 또 끊임없이 많은 정보와 자극을 준다. 혹시 작은 소리에도 민감하게 반응하게 되고, 순간 짜증이 나서 소리가 들리는 방향으로 홱 돌아보지는 않는가? 당신의 뇌가 소음에 고통받고 있다는 증거이다.

영국 리버풀대학에서 시청각 연구를 주도하는 아마히드 카사비안 교수(Anahid Kassabian)는 『Ubiquitous Listening(어디에서나 듣는다는 것)』이라는 책에서 이 현상에 대해 자세히 설명한다.[04] 도시에 살고 있기 때문에 견뎌야 하는 소음이 사실 우리의 전반적인 '듣는 행위'에 큰 영향을 끼친다는 것이다.

생각해 보면 당장 텔레비전을 보거나 듣고 있지 않더라도 그저 정적 상태가 어색하다는 이유로 소음을 유지하기 위해 텔레비전을 켜 두는 가정도 많다. 공부를 할 때에도 쥐 죽은 듯이 조용한 공간보다는 어느 정도의 잔잔한 소음, 생활소음이 있는 카페를 선호하는 경우가 많아졌다.

우리는 조용한 상태가 되면 어색하다. 소음이 있는 삶에 익숙해졌다는 말이다. 무언가를 듣는 상태에 익숙하다보니 소음이 있어야 안정감을 느끼는 경우가 더 많을 정도이다.

내가 선택해서 듣는 소리이든 아니든 도시는 엄청나게 많은 소리로 끊임없이 가득 차 있다. 하지만 그 모든 소리를 인지하고 살 수는 없다. 그래서 앞서 말한 대로 귀도 스스로 감도를 내려 듣는 음량을 조절한다. 하지만 음량을 조절하는 것 말고도 우리는 우리도 모르는 사이에 이 많은 소음을 견뎌내기 위해 다른 방식을 사용하기도 한다.

우리가 원하지 않아도 소리가 우리에게 쏟아지기 때문에 언제부터인가 도시인의 듣기 활동 대부분은 수동적인 행위로 바뀌었다고 해도 과언이 아니다. 생활 소음, 사업장의 배경음악, 어떨 때는 상당히 큰 텔레비전 소리까지도 우리는 더 이상 귀를 기울여 집중해서 인지하지 않는다.

몇십 년 전만 해도, 우리의 듣기 활동은 적극적 감상의 비중이 꽤 높았다. 그 중 음악 감상 활동을 살펴보면 차이가 크다. LP나 카세트테이프 또는 CD를 구입해서 내가 원하는 음악을 테이프가 늘어질 때까지 듣는 경우가 많았다. CD 유효기간이라는 것이 있어서 그 기간이 끝날 때까지 듣는 경우도 있었다. 음반매장에는 음악 감상실이 있었고 음악을 더 퀄리티 있게 듣기 위해 좋은 전축, 값이 나가는 스피커, 가정용 우퍼, 5.1 세트를 설치하는 가정도 꽤 있었다. 언제 어디서나 내가 좋아하는 음악을 듣기 위해 카세트테이프, 마이마이, CD플레이어와 MP3플레이어 등을 사서 음악을 하나하나 구입하거나 다운받아 적극적으로 감상했다.

요즘 당신의 하루에 음악을 이렇게 적극적으로 듣는 경우가 많았는지 한번 생각해 봤으면 좋겠다. 공부나 운동 등 다른 활동을 하면서 배경음악으로 듣거나 영상에 깔려 있어서 어쩔 수 없이 듣게 되는 음악 말고, 단지 음악을 듣고 싶어서 청각을 중점적으로 사용하여 소리를 듣는 일 말이다. 마치 음악보다 더 신나고 자극적인 매체가 많아진 듯 '음악을 듣기 위해' 음악을 감상하는 일은 많이 줄었다.

자동차로 출퇴근하면서 듣는 사람들도 종종 자동차 없이 밖에 나가면 음악을 감상할 필요를 못 느낀다. 자동차에서 음악을 듣는 이유가 음악이 좋아서인 사람도 아주 많다. 하지만 생각보다 많은 경우, 소음이 없는 조용한 상태가 무료하고 지루하고 어색하기 때문에 라디오를 튼다.

음악이 아닌 영상매체 청취에서도 비슷한 양상을 보인다. 요즘은 텔레비전에서 내가 좋아하는 프로그램을 하기 때문에 그 방영시간과 정확한 채널을 맞춰서 보는 일조차 흔하지 않은 일이 되었다. 보고 싶은 채널이 딱히 없어도 일단 전원을 킨다. 영상과 소리가 쏟아진다.

바쁜 사회에서 적극적 시청각 활동은 많이 사라져 간다. 왜냐하면 수많은 광고, 영상, 음향들이 '나 좀 들어줘!', '이게 더 재밌어!', '이건 진짜 중요한 거야, 꼭 들어봐!'라고 외치면서 서로 경쟁하듯 우리 귓속으로 달려오기 때문이다. 우리는 그런 외침에 피곤해진 나머지 소리에 둔감해졌고 익숙해졌고 어지간하면 다 무시하고 귀를 반쯤 닫고 살게 되었는지도 모른다.

그래서 청자들이 정말 팬으로서 또는 소비자로서 무언가를 선택하여 집중해서 청취하게 하려면 예전보다 더 높은 기준과 설득이 필요해졌다. 그럴 만큼 콘텐츠 내용이나 시각적 요소가 정말 재밌거나, 더 강력한 마케팅 기술, 더 교묘한 선전 문구, 플랫폼에서 추천하는 자동 알고리즘의 축복까지 덧붙여져야 우리의 귀가 조금 더 열린다. 청각적 마케팅도 이에 따라 더욱 고도화된 전략이 필요해진 것이다.

음악은 치트키

그렇다면 현대사회를 살아가는 우리에게 소리는 무엇이고, 음악은 어떤 의미일까? 소리에 지친 우리 귀가 음악을 들어야 하는 이유는 무엇일까? 어째서 이렇게 소음이 많은 시대에도 아직도 음악 산업은 꾸준히 성장할 수 있는 걸까?

음악의 영향력에 대해 설명하는 데에 광고만큼 좋은 소재도 없을 것이다. 영상의 배경음악으로써의 음악이 영상의 내용 전달에 얼마나 중심적인 역할을 하는지, 카사비안 교수의 또 다른 책 『Hearing Film(듣는 영화)』에 아주 깊이 있게 정리되어 있다.

사운드와 음악은 시각적인 내러티브만큼이나 영상에서 중추적인 역할을 한다. 스테이크 고기를 먹는 영상이 있다고 하자. 한 남자가 정말 맛있게 스테이크를 썰어 먹는다. 고기를 씹고 맛보면서 카메라를 쳐다보고 만족스러운 표정으로 천천히 웃고 영상이 끝난다. 이 짧은 영상만으로도 좋은 스테이크 홍보영상이 될 수 있을 것이다. 하지만 같은 영상에 호러 음악이 깔린다고 생각해 보자. 쉽게 떠올릴 수 있는 영화 '죠스'에 나오는 음악도 좋고 다른 호러 음악도 좋다.

음산한 음악이 깔리는 가운데 한 남자가 스테이크를 썬다. 스테이크 사이로 보이는 선홍빛 살결이 눈에 들어온다. 음악은 점점 더 음산해지고 남자는 선홍빛 고기를 천천히 썰어서 입에 넣고 카메라를 쳐다본다. 고기를 씹어 먹는다. 가만히 카메라를 응시하면서 만족스러운 표정으로 씨익 미소를 짓는다.

같은 영상도 음악 때문에 어쩐지 기분 나쁜 느낌의 영상이 된다. 음악은 영상의 분위기를 설정하는 데에 시각적인 요소보다 더 강력한 힘을 발휘한다고 해도 과언이 아니다. 어떤 아이가 넘어지는 영상에 코믹한 음악을 깔면 그 영상은 귀여운 아이가 '콩'하고 가볍게 넘어지는 기분 좋은 웃긴 영상이 된다. 하지만 슬픈 음악을 깔면 '에고, 어린 아이가 넘어지면서 얼마나 아플까?'하고 그 아픔에 주목하게 되는 슬픈 영상이 될 것이다.

음악에는 내러티브(이야기 흐름)를 손쉽게 바꿔버릴 만한 큰 힘이 있다. 그래서 광고 영상을 잘 만들기 위해서는 음악이 아주 중요하다. 소비자의 구매 욕구는 무서운 남자가 파는 스테이크보다 맛있게 먹는 남자의 스테이크에서 더욱 나타날 것이기 때문이다.

어째서 음악에는 스토리를 전혀 다르게 변화시키고, 관점을 완전히 바꿔버릴 만한 강력한 힘이 있을까? 음악에는 기분과 감정을 조절하는 힘이 있기 때문이다. 음악으로 소비자의 기분과 감정을 조절하면 마케팅 도구가 되며 관객의 기분과 감정을 조절하면 예술 음악과 명작 영화나 드라마가 탄생할 수도 있다. 그리고 음악으로 자기 자신의 기분과 감정을 조절하게 되면 훨씬 더 주체적인 삶을 살 수 있는 도구가 된다. 막대한 스트레스로 인해 성난 내 감정을 음악을 들으면서 잠잠케 할 수도 있다. 감정 기복에 휩쓸려 살지 않고, 내가 내 감정의 주체가 되어 용의주도한 삶을 살 수 있다는 말이다.

스트레스 때문에 짜증이 많아져서 중요한 일을 그르친 경험이 있다면 이게 얼마나 엄청난 삶의 도구인지 이해할 수 있을 것이다. 정말 중요한 일을 앞두고 있으면 꼭 머피의 법칙처럼 안 좋은 일들이 생기고 사건이 터지고 사람들이 무례하게 굴고 나쁜 일들이 겹치고 겹쳐 코너로 몰리는 느낌을 받을 때가 있다. 인생사가 마음대로 된다면 얼마나 좋겠는가? 하지만 중요한 발표 준비가 있기 때문에 단 한시간만이라도 세상 만물이 나를 위해서 멈춰줄 수는 없는 일이다.

모든 여성은 아니지만 저자를 포함한 많은 여성들은 이런 경험이 더 친숙하다. 월경을 할 즈음마다 호르몬의 변화 때문에 감정이 변화무쌍해지는 사람도 있고 주기 내내 우울하거나 짜증이 많아지거나 화가 많아지는 경우도 있다. 복통이 심해 에너지가 떨어져 작은 일에도 금방 지치게 되는 여성도 있다.

이러한 현상은 생물학적이고도 자연스러운 일이다. 외부의 자극에 스트레스를 받고 스트레스로 인해 감정에 변화가 있는 것은 인간이라면 누구나 겪는 일상적인 일이다. 하지만 이런 부정적인 감정을 자기 내면의 힘만으로 조절해 완벽한 모습으로 치장하고 매일매일 산다는 것 또 그것을 평생 유지한다는 것은 사실상 불가능하다. 어느 순간 완벽한 모습을 유지하지 못하는 순간은 반드시 오고 그로 인해 후회하는 순간이 찾아온다.

상사가 나에게 부당한 이유로 소리를 지르고 내 자존감을 건드렸다고 하자. 그래도 참고 그가 나에게 준 업무를 최고의 퀄리티로 해내는 것이 얼마나 서럽고 힘든 일일지 남녀노소 모두 알 것이다. 힘든 일이 무더기로 터진 날, 그 스트레스와 감정을 겨우겨우 이기고 집에 돌아가는 길은 참 무겁다. 그렇게 집으로 가다가 튀어나온 돌부리에 걸려 넘어질 뻔했다고 현관문 열쇠가 안 들어간다며 가방끈이 떨어졌다는 등의 정말 사소한 일 하나가 더해지면, 구멍 난 댐처럼 하루 종일 받았던 모든 스트레스가 봇물처럼 한 번에 터져 나와 서러워지기도 한다.

나의 기분과 감정에 휩쓸려 스트레스 때문에 내 가족에게 후회할 말과 행동을 하는 일도 생각보다 많다. 아이들에게 늘 잘해주고 싶고 그들의 이야기를 다 들어주고 싶지만 입에서는 세상에서 지친 어른의 매몰찬 말만 나온다. 내가 내 주인이 아니다. 감정이 내 주인이 되어 내가 원하지 않는 일들을 하게 하는 것이다. 그리고 그런 상황을 자주 겪다 보면 자기 혐오감도 생길 수 있다. 서러움이 북받쳐 '먹고 살려고 이렇게까지 해야 하나?'라는 급격한 우울한 생각에 빠지게 되기도 하고, 어떤 이는 자기 자신의 효용가치를 의심하게 되기도 한다. '이런 정도의 일상도 감당 못하는 내가 앞으로 뭘 잘할 수 있을까?'

감정은 중요하다

이렇다 보니 현대 사회는 겉으로는 평화로워 보일지 모르지만 스트레스와 트라우마, 정신적 상처들을 제때 치료하지 못해 힘겹게 매일매일 견디며 사는 어른들로 가득 차 있는지도 모른다. '상담치료', '멘탈 상담', '정신과 상담' 등 이전에는 금기시되던 어려운 주제들이 점점 일상적 대화 소재가 되어가고 있다. 이미 서양권에서는 누군가에게 내 이야기를 털어놓고 정신과적 상담을 통해 치료하고 해소하는 것이 일상적이다. 서양권에서는 이미 '극심하게 어려운 일을 겪은 후에는 상담치료를 받는 것이 좋다'는 생각이 '다쳤으면 병원에 가라'라는 개념만큼 당연해지고 있다.

하지만 모두가 상처가 곪아 터져서 병원에 가야할 때까지 기다려야 하는 것은 아니다. 가까운 약국에서 약을 사다가 바르고 반창고를 바르면 된다. 나의 기분과 감정을 평소부터 건강하게 해소하고 조절하는 방법은 행복한 인생을 위해 진정 필요한 것이다. 하지만 아직 일반인들에게까지 널리 알려지지는 않은 것이 현재 실정이다.

음악을 통해 감정을 다스리는 방법은 수많은 감정 조절 방법들 중에 하나이다. 이 책의 내용을 접하고 매일의 삶에 적용해 보면 대부분의 사람들은 효과를 볼 것이라고 생각된다. 하지만 기본적으로 음악을 도저히 좋아할 수 없거나 이 책대로 해 봐도 음악을 통해 아무것도 느낄 수 없는 사람도 있을 수 있다. 그런 사람들은 꼭 이 방법이 아닌 다른 방법들로 자기감정을 관리하는 법을 익히면 된다. 글쓰기가 좋은 사람은 감정을 일기로 풀어내는 행위를 주기적으로 하면 도움이 되기도 하고, 그림을 좋아하는 사람은 미술을 통해 운동을 좋아하는 사람은 특정 운동을 통해 해소하는 것도 좋은 방법이다. 믿을만한 가까운 친구와 대화로 풀어내거나 전화 통화로 풀어내는 것도 좋다.

가끔은 음식으로 스트레스를 푸는 것도 좋다. 하지만 매일 밤마다 음식으로 하루의 스트레스를 푸는 것은 지양할 필요가 있다. 음식에 전적으로 의지하는 것을 추천하지 않는다는 뜻이다. 우리가 야식으로 주로 먹는 음식들에는 설탕 함유량이 높다. 짠 음식이라고 생각되는 음식들도 잘 생각해보면 달면서 짠 '단짠음식'인 경우가 많다. 많은 사람들은 단 음식을 먹으면 기분이 좋아질 것이라 생각한다. 영어에는 'Sugar-high' 또는 'Sugar-rush'라는 용어도 있는데, 설탕이 많이 들어간 음식을 먹고 사람들의 기분이 극도로 좋아지는 경우가 있기 때문이다. 많은 이들이 설탕 때문에 기분이 좋아진다고 생각하고, 과거에는 설탕을 과하게 섭취할 때, 아드레날린이 더 많이 분비된다는 연구 결과도 있었지만, 현재 과학적으로 합리적인 근거가 있는지는 논란이 많다.

다만 족발을 먹고 기분이 좋았던 경험이 있는 사람은 족발을 다시 먹을 때, 무의식적으로 그 때의 감정 기억이 떠올라 기분이 좋아질 수 있다. 치킨을 먹을 때마다 기분이 좋아지는 경험을 했다면 기분이 안 좋을 때마다 또 치킨을 먹고 기분을 상승시키고 싶어질 것이다. 먹으면 그 때처럼 다시 기분이 좋아질 거라는 믿음으로 말이다. 그런 믿음으로 맛있게 먹을 때, 실제로 먹으면서 기분도 좋아진다. 그래서 어떤 이들은 퇴근 후에 치킨을 먹는 습관이나 집중해야 할 때마다 초콜릿을 먹는 습관을 중단하기 어려워한다.

그렇게 자꾸 단 음식을 먹다 보면 설탕이 들어간 음식을 끊기가 어려워진다. 설탕에는 중독성이 있다. 늘 먹던 양의 설탕이 어느 날 줄어들면 우리 몸은 부족한 설탕량을 채우기 위해 단 음식을 먹고 싶어지게 만들기까지 한다. 우울하거나 심적으로 힘든 시기에 살이 찌고 몸이 붓는 데에는 이런 점도 기인한다.

술로 감정을 해소하는 것도 좋은 감정 해소 방법이 될 수 있지만 강박적으로 자주 마시는 술은 경계해야 한다. 술도 일시적으로 기분을 좋게 한다. 집중하고 있는 뇌의 처리 속도를 강제적으로 잠시 느리게 해주고 긴장감을 낮춰주면서 빡빡했던 일상으로부터 어떠한 해방감을 느끼게 한다. 술을 즐기는 것은 괜찮지만 술에게 내 모든 스트레스 해소와 정신 건강을 전적으로 맡겨서는 안 된다. '스트레스를 받으면 술 마신다'라는 패턴이 생기면 이것을 중단하기가 상당히 어려워진다.

음식과 술은 잠시 동안 고통을 마주하지 않게 해준다. 하지만 그 잠시가 지나가면 다시 똑같은 싫은 감정이 찾아온다. 우리 마음속에 한번 들어온 강렬한 스트레스, 트라우마, 감정기복, 기분문제들은 좀처럼 저절로 사라지지 않는다는 점을 주목했으면 한다. 누군가에게 또는 어딘가에 털어놓고 그 감정의 원인을 잠시라도 스스로 다루고 토닥여주지 않으면 계속 당신의 마음속에 있을 것이다. 일에 치여 바쁠 때에는 사라진 듯 보였다가 바쁜 일이 끝나면 다시 똑똑 하고 문을 두드릴 것이다.

그래도 문을 두드릴 때에 바로 풀어주는 것이 좋다. 너무 오랜 시간 마주하기 싫어서 문제를 피하면 문을 두드리기에 지친 트라우마와 감정은 당신의 무의식 깊숙한 곳으로 이주해 우리 손이 닿지 않는 그곳에 자리를 펼 것이다. 무엇 때문인지도 모르겠는데 그냥 우울하고 울적한 사람이 되고 만다. 왜인지 모르지만 평소에 화가 많아 아무 때나 아무에게나 욱하고 금방 화를 내는 사람이 되고 만다. 또는 누구도 마주치기 무섭고 부담스러워서 사회생활이 힘든 사람이 되기도 하고 원래 말이 많았지만 무슨 질문을 해도 대답하지 못하는 사람이 되어버릴 수도 있다.

당신의 감정은 당신의 성격을 구성한다. 고로 감정은 육신만큼이나 중요한 당신의 일부이다. 감정을 진정 여러분 인생의 동반자라고 생각하고 감정을 토닥이며 함께 데리고 가야 한다. 음식과 술이 제공하는 행복과 해방감을 음식과 술이 없이도 느낄 수 있어야 그 행복이 진정 내 것이지 않겠는가? 술 없이는 우울함에서 벗어날 수 없다면 당신은 스스로의 주인이 아니다. 당신은 우울함의 노예이고, 술이 당신의 주인이다.

이 책을 통해 현대 사회에 찌든 많은 사람들이 자기 자신의 감정 기복에 지배당하거나 끌려다니지 않고 주체적인 삶을 살 수 있는 방법을 발견하기를 바란다. 음악을 예술적이기만 한 대상이 아닌 실용적인 도구로 인식하면, 업무와 휴식을 더욱 극대화시키고 감정적 스트레스를 해소하는 굉장한 도구가 될 수 있다. 휴식을 할 때에는 진정한 휴식을 일할 때는 더욱 능률을 높일 수 있도록 음악을 사용함으로써 읽는 모든 이들의 정신 건강이 보다 더 굳건해지기를 진심으로 바란다.

이 책의 기분 조절 방법을 실생활에 적용하기 위해서는 음악 스트리밍 플랫폼 사용을 적극 권장한다. 그 중에서도 스포티파이와 멜론, 애플 뮤직, 네이버 VIBE, 유튜브 프리미엄 등 플레이리스트 기능이 있는 플랫폼은 모두 권장한다. 다양한 플레이리스트를 구비하고 있는 플랫폼일수록 좋으며 음악과 음악 사이에 중간 광고가 들어가지 않는 플랫폼이나 서비스를 선택하는 것이 중요하다.

음악이 얼마나 좋은 것인지를 다루는 책들은 종종 우리 안의 예술가와 창조성에 호소하는 경우가 많아 추상적이고 모호할 때가 있다. 하지만 이 책은 더 확실하고 과학적 근거가 있는 방법들을 제공하고자 한다. 이를 위해 서울대학교 뇌과학인지과 오하린 연구원이 자문위원으로 참여하여 생리학과 뇌과학 분야를 점검해 주셨고, 운동에 대한 부분은 한국체육대학교 이학박사이자 한국 평생스포츠코칭협회 소속 박지혜 교육이사님이 도움을 주셨다. 신뢰할 수 있는 정보를 바탕으로 이 책에서 말하는 음악의 효과들을 경험해 보라.

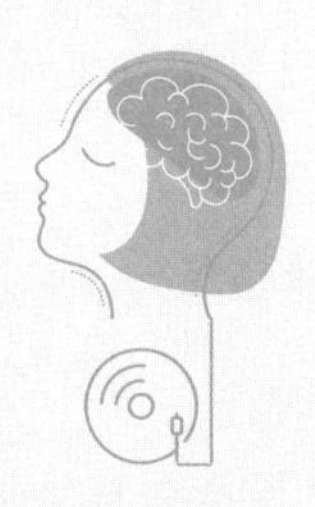

개인, 더 나아가 여러 집단의 행동에
영향력을 행사하는 것이
음악의 효능이다."

Örjan Strandberg, Bengt-Arne Wallin

음악은 무시무시하다

동물도 음악을 한다

동물음악학(Zoomusicology)이라는 학술 분야가 있다.[05] 최근 여러 연구가 이루어지기 시작한 아주 흥미로운 학문으로 인간을 제외한 다른 동물들이 내는 소리들에 집중한다. 동물들의 소리에서 음악과 닮은 측면을 연구하고 왜 동물이 이러한 소리를 사용하는지 탐구하는 학문이다.

동물들도 음악을 한다. 반려견 훈련사로 유명한 강형욱씨는 다양한 TV 프로그램이나 개인 영상 채널에서 강아지들이 짖는 소리, 눈의 깜빡임, 꼬리의 모양 등으로 자기 상태를 표현하고 강아지들끼리 특정한 방식으로 사회적 소통을 한다고 반복적으로 말한다. 이와 같은 원리로 동물의 소리와 음악, 이를테면 새가 지저귀는 소리, 늑대가 우는 소리 등도 그들의 언어이고 소통 방식이다.

학자들은 동물의 음악이 인간의 음악과 딱히 본질적으로 다르지 않다고 한다.

연구 결과 동물들도 리듬, 라임(rhyme)[1], 음악적 동기[2], 동기 발전[3] 등의 음악을 공부해 본 사람이라면 알만한 고도의 음악 요소와 구조들을 사용한다.

현재까지 활발한 연구가 이루어지고 있는 동물은 대표적으로 새와 고래가 있다. 고래의 경우, 1년 중 6개월 이상을 노래 부르는 데에 대부분 사용할 정도로 음악과 친한 동물이다.[06] 혹등고래의 경우, 라임과 구절을 자유자재로 사용한다. 비슷한 길이의 멜로디를 연달아 작곡해 노래하는데, 그 끝마다 같은 라임을 넣는다는 점이 인간의 랩과 노래 가사들과 비슷하다. 인간의 음악에서 흔히 볼 수 있는 '종지(cadence)'[4]라는 개념과도 비슷하다.

북미에 주로 서식하는 갈색지빠귀(Hermit Thrush)라는 새는 '도미솔' 같은 인간의 화음 그리고 음계를 사용한다. 5음 음계라고 하는 '펜타토닉' 음계인데 쉽게 말해 '도', '레', '미', '솔', '라' 이 다섯 개의 음을 조합해서 음악을 작곡한다는 말이다. 인간들도 하기 힘든 5음음계 작곡을 이들은 자연스럽게 터득한다. 영어로 새 이름, 'Hermit Thrush'를 검색하면 인터넷에서도 쉽게 갈색지빠귀가 노래하는 영상을 찾아볼 수 있다.

---

1 라임(Rhyme): 우리말로 '운율' 또는 '운'이라고 한다. 각 시행의 동일한 위치에 규칙적으로 쓰인, 음조가 비슷한 글자 (표준국어대사전, 2018)

2 음악적 동기: 영어로 모티브라고 하는 음악의 구성 단위

3 동기 발전: 동기(모티브)를 발전시켜 작곡해 나가는 작곡 방법

4 종지(cadence): 언어나 문장에도 부분에 따른 호흡이나 각 부분의 일시적 종결, 혹은 완전한 종결이 있듯이, 음악의 흐름 내에서 존재하는 각 부분에 대한 일시적 또는 완전한 종결 부분 (김홍인 화성학, 2004, p.52)

인간의 귀에도 듣기 거북하지 않은 꽤 구조적인 곡조를 만든다. 미국 해양 연합 대표, 로저 페인(Roger Payne)은 이런 말을 했다.

> "음악은 인간의 종족보다 훨씬 역사가 길다. 음악은 수천만년의 역사를 갖고 있다. 고래, 인간, 조류처럼 제각기 아주 다른 동물들이 비슷한 방식으로 작곡한다는 사실을 볼 때, 척추 동물들의 뇌를 즐겁게 하는 음악의 방식은 꽤 한정적이라는 것을 알 수 있다."
>
> \- Roger Payne

동물은 왜 음악을 사용하게 되었을까? 동물들의 음악은 목적이 명확하다. 제일 큰 목적은 자신의 영역을 다른 이들에게 알리고 경고하기 위해 암컷에게 구애하기 위해 등 '상대방을 움직이기 위해서'이다. 다른 새들이 자기 노래를 듣고 자신의 영역 안으로 들어오지 않도록 다른 새들의 행동에 '영향력'을 행사한다. 어떤 종은 주변에 있는 암컷들을 노래로 유인하기도 한다. 딱히 수컷보다는 먹이에 더 관심을 갖고 있던 암컷이더라도 수컷이 부르는 노래를 들으면 암컷의 마음이 움직인다. 다른 이들의 행동과 마음 상태에 영향을 주는 것이다.

무작위로 내는 소리로는 다른 이를 움직이기 어려웠을 것이다. 그들은 일정한 규칙과 구조를 통해 무작위였던 소리 조각들을 어떠한 규칙을 가진 음악으로 진화시켰을 것이다.

동물들은 음악을 설득의 도구로 쓴다. 그 건 동물의 한 종인 인간도 마찬가지이다. 하지만 갈색지빠귀의 음악을 혹등고래에게 들려준다고 동일한 효과가 있지는 않을 것이다. 그렇듯 인간의 음악도 인간만의 체계와 문화 안에 정립되었기 때문에 인간에게 강력한 효과가 있고 또 같은 문화를 공유하는 사람들 사이에서 더욱 강력하게 작용한다.

> 노래는 고대부터 있었던 행위이자 세계적으로 보편적인 행위이다. 뿐만 아니라, 원시사회에서는 오락이나 놀이를 위해서보다는 개인, 사회적 공동체, 종교에 관련하여 필수적인 중요한 기능을 담당했다.[07]
>
> - John Koopman

인간이 처음 음악을, 특히 노래를 시작한 건 언어의 발달보다도 이전이었을 거라고 추측하는 학자들도 있다. 그 정도로 인간에게 자연스럽고도 보편적인 행위인 노래는 처음부터 오락이나 놀이를 위해 사용되지는 않았다. 개인과 개인을 연결하고 사회적 공동체 안에서 의사표현을 하고 효과적으로 상대방에게 내 주장을 전달하고 설득시키는 매개로 사용되었다. 종교적으로도 언어보다 더 한순간에 종교적 감수성을 전달시킬 수 있는 도구로 사용되었다. 누군가에게 노래를 해준다는 말을 한 마디로 '세레나데'로 표현할 수 있는 것처럼 연인에게, 친구에게, 관객에게, 근본적으로 다른 이들에게 어떤 것을 전달하기 위해 음악은 존재한다. 음악이 예술에 국한되고 '예술가들만의 것'으로만 여겨진 것은 기나긴 인간의 역사에서 보면 최근의 일일 것이다.

프로이트는 왜 음악을 두려워했는가

'무의식'이라는 단어는 생각보다 참 많이 쓰이는 단어이다. '무의식적으로', '무의식 저변에' 등의 표현은 더 이상 딱히 특이한 표현이 아니다. 과거 무의식이라는 개념이 아직 확립되지 않았던 시절이 있었다. 무의식이라는 개념을 처음으로 구체적으로 정립해 사용한 사람은 지그문트 프로이트(Sigmund Freud)라는 신경학자이자 정신분석가이다. 정신분석학을 만든 사람이니 최초의 정신 분석가라고 할 수도 있겠다. 우리의 마음 깊숙한 곳에 숨어 있는 무의식이 사람의 행동과 정서에 영향을 미친다고 주장했고, 현대 정신분석학에서는 여러 부분 프로이트의 주장을 정설로 받아들이고 있다.

그런 정신분석학의 아버지 지그문트 프로이트는 놀랍게도, 생전에 몇몇 오페라 곡들을 제외하고는 대부분의 음악을 격렬히 싫어했다고 한다.[08] 그저 즐기지 않은 정도가 아니라, 음악이 흑사병이라도 되는 양 '열정적으로(passionately)' 멀리했다고 한다. 프로이트가 음악공포증(musicphobia) 수준으로 음악을 두려워했다고 주장하는 이들도 있다.

> "이유를 알 수 없지만 무언가에 감정이나 마음이 움직이는 것, 그래서 내가 그로 인해 영향받는 것, 나에게 그렇게 영향을 주는 것들을 나의 이성적이고 분석적인 면이 모두 저항한다."[09] - Sigmund Freud

프로이트는 명확한 이유를 알 수 없는데 어떤 것에 감정이 동하는 것,

마음이 움직이는 것, 자신의 생각이 영향을 받아 변하는 것을 참을 수 없었다. 그는 늘 이성적으로 또 분석적으로 생각하려고 애를 쓰던 사람이었다. 하지만 그렇게 늘 논리적으로 연구를 하더라도, 음악을 들으면 그의 철옹성 같았던 합리적인 생각이 감정에 흔들리고 영향을 받았던 것이다.

광고음악에서 보았던 것처럼 같은 생각도 다른 음악을 들으면서 하면 다르게 느껴질 수 있다. '하늘은 참 푸르구나'라는 생각을 기쁘고 밝은 노래를 들으면서 하면 '정말 날이 좋고 화창한 하루가 되겠구나!'하고 아주 합리적이고 긍정적인 생각을 하게 된다. 하지만 처량하고 슬픈 음악을 들으며 '하늘은 참 푸르구나'라는 생각을 하는 순간, 세상 전체가 비관적으로 보이게 된다. '하늘은 오늘도 푸른데 이런 좋은 날 밖에 나가 놀지 못하고 회사에서 일을 해야 하다니!' 음악은 단시간에 생각의 방향을 뒤흔들 수 있는 힘이 있다. 그리고 프로이트는 그런 음악의 힘을 알고 있었다.

그래서 프로이트는 음악을 두려워했다. 프로이트는 이런 생각을 뒤흔드는 강력한 힘이 위험하다고 생각했기 때문이다. 앞서 동물들의 음악을 이야기하며 음악에는 다른 이들을 설득하고, 다른 이들의 생각과 행동에 영향을 끼치는 힘이 있다고 말한 바 있다. 지그문트 프로이트에 대해 연구한 학자들 중에는 프로이트가 음악이 가진 '사람을 조종하는 힘'을 두려워한 것이라고 분석한 연구가도 있다.

사실 음악의 조종, 유도 효과는 정치적으로 종교적으로 마케팅의 일환으로 등 다양한 목적으로 널리 사용되어 왔다. 동서고금을 막론하고 많은 분야의 지도자들은 음악의 설득력이 사람의 생각과 이념에까지 영향을 미칠 정도로 강력하다는 것을 알고 있다. 음악을 사용해서 성공적으로 선거운동을 하거나 식민지배를 하는 경우 또는 사회의 여론을 바꾸는 경우 등이 전 세계적으로 많다는 것을 역사는 알고 있다. 음악 사용자들은 역사 속에서 음악의 힘을 발견했고 또 끊임없이 경험을 통해 확증했다. 우리에게 가장 가까운 예는 선거운동에 사용하는 선거용 음악, 식민지배 저항 운동 또는 민주화 운동에서 사용되었던 <임을 위한 행진곡> 같은 노래들이 있다. 옳고 그름을 떠나 음악이 사람들을 하나의 이념과 사상으로 똘똘 뭉치게 하는 데에 얼마나 중요한 역할을 했는지에 집중해 보자. 음악의 무게감이 조금은 더 현실감 있게 다가올 것이다.

음악과 세뇌

음악이 사람들의 생각, 감정, 정서에 이렇게 큰 영향력을 행사하는 이유는 무엇일까? 가장 큰 이유는 음악이 감정적 기억과 강력한 연관이 있기 때문이다. 내가 어떤 곡을 듣고 행복감을 느낀 기억이 있다면 그때 들었던 그 음악은 우리 뇌 속에서 행복, 긍정 등의 느낌과 연결된다.[10]

그래서 광고 음악 중에는 사람들이 이미 호감을 갖고 있는 곡에 가사만 바꿔 만든 CM송을 심심찮게 볼 수 있다. 좋아하는 노래를 듣고 행복한 기분 상태로 어떤 가게 상호를 들으면 그 상호도 좋은 느낌으로 남을 가능성이 높기 때문이다. 때론 좋은 느낌까지는 안 들더라도 기억에 더 빨리 자리하게 된다. 저자는 히트했던 트로트 가수 영탁의 곡, '니가 왜 거기서 나와'를 들으면 헛개차가 생각나기도 한다. 딱히 즐겨 듣던 음악은 아니었지만 이미 알려진 곡이었고 또 오며 가며 반복적으로 들으면서 헛개차라는 이미지로 기억에 남은 것이다.

이러한 광고효과의 진정한 비결은 음악이 '감정의 기억'과 더불어 '언어적 기억력'도 많이 향상시킨다는 점에 있다. 음악과 기억의 상관관계는 학자들도 흥미롭게 많이 연구하는 부분이다. BMC 뉴로사이언스라는 유명 저널을 비롯해 많은 논문들은 앞다투어 음악을 통한 감정과 기억의 향상 효과에 대해 강조하고 있다.[11]

우리 뇌는 많은 소리 정보를 처리하여 각 소리가 무슨 소리인지 알아낸다. 어떤 특정한 법칙으로 조합된 소리들을 듣고 그 소리가 음악인지, 말하는 소리인지, 동물의 소리인지 등을 알아내는 것이다. 이 단계는 '작업 기억'에서 일어난다고 본다. 작업 기억[5]에서 소리 신호들을 일시적으로 기억(저장)한 후 그 신호들을 조합하여 하나의 개념으로 묶어낸다. 그런데 학자들은 어떤 소리 신호가 작업기억에서 '음악'으로 인지되는 과정과 '말·언어'로 인지되는 과정에 상당한 공통점이 있다는 것을 발견했다.

> … 음악 듣기는 강렬한 감정을 느낀 기억과 강하게 연결되어 있다. 음악적 활동은 감정을 처리하고 기억 (음악, 기억, 감정)을 통제하는 일에 관여하는 뇌 영역들에서 대부분 처리된다.[11] - Lutz Jäncke

5 작업기억(Working memory) : 뇌에서 각종 인지적 과정을 진행하기 전에 정보들을 일시적으로 보유하고 실제로 그 과정들을 수행하는 작업장으로서의 기능을 수행하는 단기적 기억. 컴퓨터 상의 '클립보드'와 비슷한 역할로 생각하면 된다. (Baddeley, 2000)

신경심리학자 루츠 얭카(Lutz Jäncke) 교수는 그의 연구에서 음악을 듣는 행위 중 대뇌의 활동으로 인해 음악이 언어적 학습에 큰 도움을 준다는 결론을 내렸다. 학자가 아닌 우리도 이미 경험한 바 있는 내용이다. 같은 말도 음악의 가사로 들으면 기억에 더 오래 남는다. 전 세계 모든 학생들은 ABC 알파벳 송으로 영어를 배운다. 기억을 잘 더듬어보면, 저자도 '가나다라마바사아자차카타파하'를 배웠을 때도 음은 없더라도 어떤 리듬을 가지고 외웠다. '가나다라마바사'하고 잠시 띄우고 '아자차카타파하'라고 읽게 되는 데에는 그런 이유가 있다. 음악으로 외우면 기억에 오래 남는다. 음악이 들리는 순간 잊은 줄 알았던 가사가 생각나기도 한다.

하지만 잘 생각해 보자. 음악을 반복적으로 들려주기만 해도 기억에 남게 할 수 있다면, 이것이 얼마나 '세뇌'와 가까운 개념이 될 수 있는지를 말이다. 그렇다보니 무언가를 늘 홍보해야 하는 마케터들에게는 떼려야 뗄 수 없는 도구일 것이고, 정치적으로도 대중을 설득하고자 할 때에도 당연히 이용되는 요소이다.

선거기간에 자주 울려 퍼지는 선거용 노래들도 많은 사람들이 좋아하는 가요, '아파트', '챔피언' 또는 유명 아이돌의 곡들의 가사를 바꾸는 형식이 대부분이다. 좋아하는 음악이 들릴 때, 나도 모르게 같이 흥얼거리고 따라 부르게 되는 일을 경험해 본 적이 있을 것이다. 좋아하는 음악에 전하고자 하는 메시지를 넣어서 반복해서 들려주면 그 메시지는 어떤 방식으로든 사람들의 의식과 무의식 속에 들어가기 쉬워지고 청자들은 본래 별 의견이 없던 분야더라도 일단 긍정적인 느낌으로 메시지를 받아들이게 된다. 딱히 노력하지 않았음에도 기억하게 된다.

좋아하는 음악에 전달하고자 하는 메시지와 정보를 붙이는 방식이 있다면 그 반대의 경우도 있을 거라는 걸 짐작할 수 있다. 좋아하는 상황에 음악을 매칭시키는 방법이 있다. 기분이 좋을 수밖에 없는 상황과 시간에 특정 노래를 노출시켜 그 노래를 좋아하게 한다든지, 그 노래의 가사를 더 잘 외우게 하는 일도 있다.

군대에서 식사시간을 알리기 위해 군가를 방송하는 것도 그와 같은 원리이다. 저자는 군대를 경험해 보지 못한 여성이지만 많은 남성들에게 군대에서 밥 먹는 시간이 몇 안 되는 행복한 시간이라고 한다. 군대에서 언제 어떤 음악을 트는가는 부대마다 차이가 있지만 종종 아침 식사, 점심식사, 저녁식사 중 군가를 트는 경우가 있다. 일과가 끝나는 시간, 태극기를 내릴 때에도 애국가가 흐른다고 한다. 고된 하루가 끝나서 행복하고 안심되는 시간에 언제나 흘러나오던 군가는 군대시절이 전체적으로 아무리 힘든 기억이었다 해도, 군가는 그중 덜 싫어하도록 해주며 더 나아가 군가의 가사 내용을 자연스럽게 세뇌시키는 역할도 수행한다.

세뇌는 다른 것이 아니다. 깊이 생각하지 않아도 자꾸 따라 부르다 보면 그 메시지를 기억하게 된다. 대리운전을 부를 일이 전혀 없는 사람도 암기하려고 신경 써서 듣지 않았던 사람들도 "앞뒤가 똑같은 전화번호~" 하는 소리를 들으면 "1577" 번호를 떠올리게 되듯 말이다.

> "개인, 더 나아가 여러 집단의 행동에 영향력을 행사하는 것이 음악의 효능이다."[12]
>
> - Örjan Strandberg, Bengt-Arne Wallin

스웨덴의 음악학자인 울릭 볼크스텐(Ulrik Volgsten)과 스티븐 브라운(Steven Brown)은 『음악과 세뇌』라는 책에서 음악의 기본적인 기능은 설득과 세뇌라고 입을 모은다. 음악은 인지하지 못하는 사이에 특정한 감정, 특정한 행동에 대한 동기를 갖게 하며 한 두 명만 움직일 수 있는 것이 아니라 한 집단에게 영향을 줄 수도 있고, 한 나라 전체에 영향을 줄 수도 있다.

한 나라에 지대한 영향을 준 예를 설명하자면 리하르트 바그너(Richard Wagner)를 빼 놓을 수 없다. 많은 클래식 작곡가들이 죽음 이후에 유명해졌듯, 바그너라는 작곡가도 죽음 이후 굉장히 유명해졌다. 사후 유명해진 모든 예술인들 중 둘째가라면 서러울 정도로 굉장한 팬덤이 생겨났다. 이 팬덤은 쉽게 말해, 동방신기의 팬클럽 '카시오페아'가 처음 나왔을 때 세상에 준 신선한 충격을 연상시킬 정도로, 전례 없는 열성적인 팬덤이었다. 카시오페아 회원들은 동방신기가 해체된 지 오래된 지금도 동방신기 멤버들의 행보에 환호하고 공연을 관람하러 가고 그들을 악플이나 나쁜 소문으로부터 지키고 방어할 정도의 애정을 갖고 있다. 1883년에 죽음을 맞이한 바그너 또한 2022년 현재에도 마니아층을 거느리고 있을 정도로 당시에는 엄청난 붐이었다.

안타깝게도 나치 정권의 지도자들이 바그너의 열렬한 팬들 중 하나였다. 바그너 팬덤이 실질적인 나치 정권의 전신이라고 하는 학자들도 있을 정도이다.[13] 단순한 팬덤이 아니었다. 더 정확하게 말하자면 나치 정권의 지도자들은 독일인들의 문화 가운데 음악이 얼마나 중요한 역할을 하고 있는지 알고 있었다. 음악이 얼마나 독일인들에게 유대감을 줄 수 있는지 그들은 알고 있었던 것이다.

독일인들은 특히 자국 음악에 대한 자부심이 강했다. 바하, 베토벤, 브람스 모두 독일의 자랑스러운 위인들이었다.[14] 나치 정권은 이를 바탕으로 독일이 '클래식 음악의 중심'이며 음악이야말로 독일인의 가장 빛나는 유산이라는 내용을 널리널리 전파시키며 자국민의 애국심을 고양시켰다. 나치 정부는 국세를 들여 독일 오케스트라가 국제 투어 공연을 가도록 지원했으며 그 안에는 사실 다른 민족들은 독일보다 음악적으로 미개하고 독일인이 우월하다는 이념이 담긴 인종차별적인 정치 유세였다.

바그너의 작품들에는 독일인다움, 독일인 민족에 대한 개념이 상당히 들어있었다. 민족주의적인 색채가 강했다. 이런 부분이 히틀러의 사상과 계획에 딱 맞았고 나치 지도자들은 대놓고 그들의 정치적인 목적을 위해 바그너의 음악을 지속적으로 사용하여 사상 전파의 효과를 누렸다.[15] 사람들의 팬심과 애국심을 이용했고 바그너 페스티벌들이 열렸던 독일 바이로이트는 결국 나치 추종자들의 성지가 되었다.

음악적으로 사람들을 장악하기 시작하자, 곧 그들은 음악이 들어간 모든 삶의 작은 부분들까지 그들의 영향권 아래에 두게 된 것이다. 음악이 있는 카페, 레스토랑, 길거리 연주, 학교, 음악에 대해 이야기할 수 있는 모든 장소와 상황들에 자연스럽게 스며들어갔다.

음악은 꽤나 무시무시하다. 앞서 살펴본 대로 21세기를 살아가는 도시인들의 주위에는 늘 소리와 음악이 있다. 우리가 선택하지 않았어도 수없는 광고음악과 드라마 배경 음악과 카페 배경음악 등이 매일 우리의 귀로 밀려들어온다. 그러니 평생을 걸쳐 듣는 소리와 음악의 양을 생각해 보면 현대 사회에서 음악의 영향력이 가히 어마어마할 것이다.

정치적인 선전을 넘어서서 음악은 우리의 인격을 형성하는 데에도 큰 영향을 준다. 연구에 따르면 도시인들은 늘상 어떠한 형태이든 음악을 듣고 있기 때문에 우리가 듣는 음악이 우리의 기억 사이사이 안 들어간 곳이 없고, 우리 뇌 속 기억 체계를 건설하는 데에 중요한 역할을 하게 되었다고 한다.[11]

음악을 듣는 행위가 워낙 대뇌의 기억 저장 활동과 밀접한 관련이 있다 보니, 인간은 음악이 있는 상황을 일반 상황보다 더 생생하게 기억할 확률이 높다. 또 음악은 객관적인 기억 뿐만 아니라 감정의 기억도 소환하다 보니, 그 순간 들었던 음악에 의해 어떤 감정을 느꼈는지까지 디테일하게 무의식이나 의식의 범주 안에 박제된다.

음악이 기억에 관여하는 부분이 높다 보니 어떤 학자들은 음악이 한 사람의 인생을 형성하는 데에 큰 관여를 하고 있을 가능성이 높다고까지 말한다. 이렇게 하나하나 모여 형성된 기억을 바탕으로 사람의 자아상과 타인에 대한 이미지가 세워지기 때문이다.

음악은 문맥을 제공한다. 같은 사건도 어떤 소리가 울려 퍼지는 상황에서 이루어졌는지에 따라 다르게 기억에 남는다. 당시 슬픈 음악이 나오는 영화 크레딧이 틀어져 있었는지, 길거리에서 안경점 매장을 홍보하는 다소 촌스럽고 과도하게 신나는 음악을 듣고 있었는지에 따라 같은 이별의 사건도 다르게 기억될 수 있다. 같은 말도 조용한 곳에서, 사람들이 시끌벅적한 곳에서, 차가 빵빵거리는 교차로에서, 밖은 시끄럽지만 내부는 고요한 차 안에서 했는지에 따라 다르게 다가온다. 중요한 말을 시끄러운 곳에서 한 상대방에 대한 판단도 달라질 것이다. 다른 연인이 생겼다는 최악의 이유로 헤어지는 상황이더라도 구슬픈 음악을 들으며 그 말을 듣는 당사자는 그 남자보다 나 자신의 비운의 운명과 이 상황을 또는 이 세상을 더 탓하게 될지도 모른다. 소리와 음악이 더 나아가서는 자신과 타인에 대한 평가를 내리는 데까지도 큰 역할을 할 수 있다는 것이다.

음악은 우리의 기억과 관련된 모든 영역에서 우리에게 지대한 영향력을 행사하고 있다. 그리고 그 영향권 아래에 있는 무의식과 자의식을 포함한 영역들은 우리의 정신세계, 정신 건강과 아주 가까이 맞닿아 있다.

2부. 음악의 다섯 가지 마법

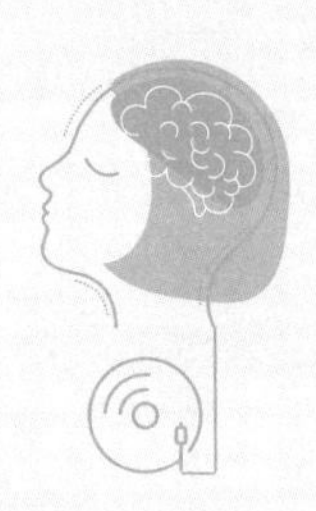

Music has charms to soothe the savage beast.

음악에는 흉포한 짐승을 달래는 마력이 있다.

William Congreve

무의식과 최면

무의식의 지배자

과거에는 음악이 어떻게 그렇게 큰 힘을 갖고 있는지 그 메커니즘(원리)을 신경학적으로 연구하는 연구 기술도 부족했고, 임상 연구들도 초기 단계였지만 그 시절에도 프로이트는 눈치챘다. 음악이 개인의 기억과 생각, 더 나아가서는 감정에까지 얼마나 큰 영향을 주는지 말이다.

그는 특히 음악을 들었을 때 생기는 강하게 일어나는 감정들을 두려워했다.[16] 그래서 노년에는 아예 음악 듣기를 일체 거부하고 음악적 감성에 저항하기도 했다. 음악을 듣고 감동을 받아 눈물을 흘리는 사람을 간혹 볼 수 있듯이 음악에 대한 연구가 적었던 과거에도 사람들은 언뜻 알고 있었다. 무의식 깊숙한 곳에 오랜 기간 눌려 있었던 억압되었던 감정과 기억들 그리고 그 기억들과 연관된 모든 것이 음악을 통해 긍정적으로 표출될 수 있다는 점을 말이다.

강렬한 감정을 떠올리게 하고 기분에 영향을 준다는 면 덕분에 음악

은 인간 사회에서 전 세계적으로 보편적인 요소로 자리하고 있다.[17]

- Stefan Koelsch

그 이유는 무엇일까? 루츠 얭카 교수가 말했듯이 음악 듣기는 기억과 감정을 처리하는 대뇌에서 처리하는 활동이기 때문에 어떤 음악을 들으면 대뇌의 신경세포망에 저장된 그와 비슷한 감정, 기억, 이미지 기억 등의 정보가 건드려진다. 그리고 다양한 뇌 영역들이 서로 결합하며 영향을 받아 그 기억이 순간 음악적 신호에 활성화되는 것이다.[11] 이런 신경학적 발견을 토대로 2008년 스위스 취리히 대학교에서는 흥미로운 한 실험을 진행했다.

주변에 뇌졸중을 겪은 환자를 본 사람들은 알 것이다. 뇌졸중 환자들은 치료 후 한동안 인지능력과 기분 조절 능력을 대체로 상실한다. 기분이 하루에도 몇 번씩 급격하게 변화하며 과격한 기분 장애를 경험하는 사람이 많고, 기억을 잃어버리는 경우도 있다. 환자의 가족들은 감정이 달라진 환자를 보며 마치 이전과 다른 사람이 되어버린 것 같은 느낌을 받으며 가슴 아픈 시간을 보내는 경우가 많다.

음악이 대뇌의 감정 조절을 도와주는 것이 사실이라면, 뇌졸중 이후 어려움을 겪는 환자들에게 음악 듣기 활동이 큰 도움이 되지 않을까?[11] 취리히 대학의 연구는 바로 이 지점을 바탕으로 실험을 진행했다. 환자의 기억과 연관된 음악이 감정 조절 능력 회복에 효과적일 것이라는 가설을 세우고 한 실험군에게는 그들이 제일 좋아했던 음악을 매일 들려주었고, 다른 실험군에게는 오디오북이나 그들의 기억과 상관없는 음악이 무작위로 주어졌다.

연구 결과 예전에 좋아했던 음악, 과거의 기억과 연관되어 있는 음악을 들었던 그룹의 환자들의 언어적 기억, 집중력이 눈에 띄게 향상되었던 것이다. 더 많은 연구들이 필요하겠지만 음악 듣기 활동이 인지능력과 기분 장애를 회복시킬 수 있다는 가능성은 확실히 입증되었다.

음악을 들으면 과거의 아픈 기억과 상처로 연결된 감정이 솟아나기도 하고 과거에 있었던 인생의 큰 사건이 생각나며 그때의 감정상태로 돌아가게 되기도 한다. 특정 음악을 들으면 무의식 속 어떤 기억과 관련된 감정이 밀려나와 급격히 우울해지기도 하는 것도 이와 같은 뇌과학적 현상이다.

단순히 음악을 듣고 우울해지는 경우도 있지만 반대로 성났던 감정이 음악으로 인해 잠잠해지기도 한다. 우울했다가도 음악을 듣고 기분이 어느 정도 나아지기도 하는 것이다. 그래서 영국의 극작가 윌리엄 콩그리브(William Congreve)는 그의 연극을 통해 '음악에는 흉포한 짐승을 달래는 마력이 있다(Music has charms to soothe the savage beast)'라는 대사를 쓴 바 있다.[18]

이런 음악의 마법 같은 효과는 적극적으로 음악에만 집중해 감상할 때뿐만 아니라 수동적으로 음악을 듣는 상황에서도 얻을 수 있다. 지나가다가 들린 어느 카페의 배경음악으로 인해 감정의 소용돌이가 몰아치기도 하고 버스를 타고 가다가 들은 라디오 음악으로 인해 진정되는 효과도 느낄 수 있다.

이렇듯 흉포한 무의식 속 상처를 달래고 영적인 경험을 하게 한다는 면에서 음악은 종교와 생각보다 많은 공통점이 있다. 그중 하나는 '트랜스(Trance)'라는 개념이다. '트랜스'란 최면에 걸린 사람이 몽롱하게 반쯤 의식이 없게 되고 외부 자극에 덜 반응하게 되는 가수(假睡) 상태 또는 어떤 것에 너무 집중한 나머지 세상도 자아도 구분이 없어지는 '무아지경' 상태를 지칭하는 용어이다.

'트랜스'라는 용어는 사실 일렉트로닉 음악 장르 중 하나로 더 잘 알려져 있다. 몽롱한 신스(Synth) 사운드에 전자 비트음이 들어가는 음악인데, 점점 긴장감 있게 고조되다가 '팡'하고 신나는 비트로 풀어지고 또다시 몽롱한 느낌으로 돌아왔다가 고조되기를 반복하는 것이 일반적이다. 테크노 음악과 일렉트로닉 하우스도 트랜스의 영향을 받은 장르이기 때문에 그런 사운드를 생각해도 얼추 비슷할 것이고 클럽에서 DJ들이 트는 일렉트로닉 음악과도 큰 의미에서 비슷하다고 볼 수 있다.

계속해서 긴장감 있게 고조시켰다가 신나는 비트로 터뜨리기를 반복하면 춤추는 사람들은 고민이나 생각 따위는 던져버리고 음악에 몸을 맡기게 되는 무아지경, 도취 상태에 빠진다. 춤을 추며 격렬한 활동을 하는 것처럼 보이지만 사실 내적으로는 꽤 편안한 상태가 되는 것이다. 이렇게 격렬함 속에서 마음의 급격히 편안해지는 상태가 최면에 걸린 상태인 '트랜스' 상태와 비슷하기 때문에 이 장르의 이름은 트랜스가 되었다.

꼭 트랜스 장르가 아니어도 장르에 상관없이 절정에 이를 때 듣는 이들에게 트랜스 상태와 비슷한 효과를 줄 수 있는 것이 음악이다. 친근하게 다가와 손쉽게 우리 마음을 무장해제 시켜 놓는 음악. 우리는 종종 음악에 기대어 차가운 이성을 내려놓고 긴장감을 풀고 미친듯이 춤을 추거나 음악에만 집중하면서 타인의 시선을 덜 신경 쓰고 무아지경에 빠질 수 있다.

그런 면에서 음악은 종교와 최면과도 공통점이 있는 것이다. 인간의 생각의 방향과 감정 상태를 바꾸고 무아지경에까지 이르게 하다니 음악의 힘이 정말 무시무시하지 않은가? 종교나 최면과 비슷하다는 개념에까지 접근하니 왜 프로이트가 두려워했는지 새롭게 다가오지 않는가?

도대체 최면의 어떤 부분과 음악이 비슷한지를 더 살펴보면 음악으로 내 기분을 어떻게 내 맘대로 조절할 수 있을지에 대한 답이 나온다.

최면치료

'최면 치료'라는 말을 들어 보았는가? 흔히들 최면은 TV에서 하는 쇼 형식으로 생각한다. 시계를 흔들흔들 눈앞에 보이면서 사람을 몽롱하게 하거나, '레드썬'하고 최면술사가 외치면, 사람이 갑자기 정신을 잃고 트랜스 상태에 들어가는 등의 이미지가 먼저 떠오를 수도 있다. 최면이라는 것이 워낙 독특한 소재이다 보니 코미디 소재로도 많이 사용되어져 왔다. 하지만 '최면 의학(Medical Hypnosis)' 또는 '최면 치료(Hypnotherapy)'라는 것이 있다는 것은 일반인들에게 많이 알려지지 않은 사실이다.

최면의학에서 트랜스 상태란 어떤 것에 굉장히 집중한 상태를 통해 깊은 몰입으로 인해 주변을 인지하지 못하게 되는 상태를 말하고, 최면 치료란

트랜스 상태를 이용하여 신체적, 정신적인 상태를 치료하는 것을 말한다.[19]

의학적으로 봤을 때 깨어 있는 상태에서의 뇌의 활동은 대부분 베타파(Beta Wave)로 측정된다. 이는 머리와 사고가 활성화되어 있는 상태이며 눈을 뜨고 있을 때 주로 나타난다. 그런데 눈을 감거나 외부 자극을 차단하는 행위를 하게 되면 몸의 긴장감이 점차 풀리게 된다. 이때 휴식 상태에서는 알파파(Alpha Wave)가 나타난다. 이 과정을 뇌전도(EEG)를 측정해 보면 이때부터 아주 달라지는 뇌활동을 볼 수 있다.[20] 임상 심리학 교수인 울프강 밀트너(Wolfgang Miltner)는 이렇게 말한다.

> "최면상태 중에는 신경 활동이 줄어든다. 뇌전도(EEG)를 보면[6] 알파파와 세타파가 나타나는데, EGG 주파수가 더 낮아질수록 트랜스 상태는 깊어진다."

최면 상태를 과학적으로 풀면 이러하다. 아주 깊은 명상 시에 나타나는 뇌파가 나타날 정도로 수면과 비슷한 휴식 상태가 되는 것이다. 하지만 요즘 같은 현대 의학 시대에 왜 최면 치료 같은 자칫 추상적일 수 있는 치료법이 사용되고 있는 것일까?

최면 치료에는 두 가지 활용법이 있는데 암시요법(Suggestion therapy)과 분석법(Analysis)이 있다.[21] 암시요법은 주로 어떤 습관이나 행동을 바꾸

---

6 뇌파의 종류에는 델타파, 세타파, 알파파, 베타파, 감마파가 있다.
델타파는 깊은 수면, 세타파는 수면이나 깊은 명상 시, 알파파는 휴식을 취하고 있는 상태에서 나타나는 뇌파이다. 반대로 베타파는 인지와 사고 활동 시, 감마파는 긴장과 흥분 시 나타난다.

는 데에 도움을 주기 위해 사용된다. '암시'라는 것은 최면 상태에서 최면 치료사가 환자에게 하는 말들을 일컫는데 이때 하는 말들은 특정 감각들을 주관하는 뇌의 영역에 실제로 영향을 준다.

최면 상태에서 환자의 뇌는 최면 치료사가 하는 말 그대로 행할 가능성이 높다. 울프강 밀트너 교수는 최면 치료의 효과를 실제로 측정해 보기 위해 환자들과 연구를 진행했는데 먼저 최면 상태에서 환자의 손가락에 일정 정도의 통증 자극을 계속 주고, 그 자극을 뇌가 인식하는지 영상기술로 확인했다.[20] 그 결과 통증 자극을 줄 때마다 뇌의 일정 부분에서 통증 자극을 강하게 인식하는 것이 확인되었다.

그리고 최면 상태의 환자에게 이렇게 말했다. "이제 당신의 손을 차가운 액체가 가득한 장갑 안으로 넣습니다. 당신의 손가락은 그 액체 때문에 감각이 마비됩니다." 그러자 계속 같은 손가락에 같은 정도의 통증 자극을 주는데도 고통을 인식하는 뇌 영역인 감각피질(Somatosensory cortex)의 활동이 확연히 감소하는 것을 관찰했다. 손가락의 감각이 줄어든 것이다. 놀랍게도 최면치료사의 암시대로 뇌의 감각피질이 고통 자극을 처리하지 않은 것이다.

이런 연구결과들을 토대로, 통증이 너무 심해 어려움을 겪는 환자들이 최면 치료를 진행하는 병원들에서 통증을 완화시키는 치료를 받을 수 있다.

같은 원리로 최면 상태에서 환자에게 "불안이 차차 사라집니다", "더 이상 담배를 피우고 싶지 않아집니다" 등의 '암시' 말을 해 줌으로써 최면이 풀려난 후 실제로 불안이 줄어들거나 담배 생각이 사라지는 등의 경우도 종종 발생한다고 한다.[20] 이것이 최면 치료 중 암시요법의 효과적 사례들이다. 치료 사례들을 볼 때 중독이나 불안 치료보다는 특히 통증 완화에 성공적인 사례가 많다.

최면 치료의 또 다른 활용법인 분석법은 주로 어떤 증상이나 장애가 있으나 그 원인을 알 수 없을 때 제안된다. 증상은 있는데 각종 검사를 통해서도 원인이 밝혀지지 않을 때가 있다. 그럴 때는 증상의 원인이 신체적인 병이 아니라 과거의 트라우마(외상 후 스트레스)와 같은 심리적인 원인이거나 또는 무의식 속에 숨겨진 특정 기억 때문이 아닐지 알아볼 필요가 있다. 최면 상태에서 환자와 대화하다가 무의식 속 저장된 기억들을 꺼내어 보면 원인불명의 증상을 발현시킨 기억이나 트라우마 사건이 발견되기도 한다. 일단 원인이 발견되면 그 후에는 심리 치료를 통해 본격적인 치료가 진행될 수 있다.

현대 의학이 왜 최면의학 같은 대체의학의 필요성을 인정하는 것일까? 저자는 의학계에 종사하지 않기 때문에 이 책에서 이 질문의 해답을 줄 수 있는 위치도 권한도 없다. 하지만 한 가지 임상적으로 검증된 것은 이 것이다. 최면 상태에서는 최면치료사가 환자에게 어떤 행동에 대해 변화를 요구하면 그 제시를 평소보다 훨씬 더 잘 수용한다는 점이다.

하지만 이건 자칫 굉장히 위험한 일일 수 있다. 최면 상태에서 환자를 맘대로 조종할 수 있다는 말이 될 수도 있으니 말이다. 그렇다면 정말 이것은 누군가의 정신을 조종하는 일이고 한 사람의 무의식으로 들어가 자기 멋대로 세뇌시키는 일이 된다.

하지만 최면과 세뇌에는 큰 차이가 있다. 세뇌의 목적은 세뇌당하는 사람의 의지와 상관없이 내 마음대로 상대방의 생각을 조종하는 것에 있다. 최근 더욱 알려진 심리적 학대 용어, 가스라이팅(Gaslighting)도 이런 세뇌의 일종이라고 할 수 있다.

가스라이팅 가해자는 피해자의 기억을 지속적으로 부정하고 반박하는 행위를 한다.[22] 쉽게 말하면 피해자가 경험을 통해 하는 말에 대해 "네 기억이 잘못됐어", "그런 일은 없었어", "네가 너무 예민해서 그렇게 상상하거나 착각한 것이지?" 등의 말들을 지속적으로 한다는 것이다. 피해자가 어떤 상황을 경험했음에도 함께 있던 가해자가 한결같이 그런 일이 없었다고 하며 피해자를 꾸짖는 것이다. 또는 피해자가 한 실수를 과장하여 말하는 행위도 반복적으로 하기도 한다.

이런 말들로 가해자는 피해자가 스스로 판단하거나 해낼 능력이 없는 존재라는 점을 세뇌시킨다. 그 결과 피해자는 스스로를 분별력이 없는 사람이라고 여기게 되어 도리어 가해자에게 의지하게 된다. 스스로의 힘으로는 인생을 살아낼 능력이 없다고 여겨 가해자의 도움을 원하고, 깊이 의존하고 그의 지배를 받게 되는 것이다. 가스라이팅 피해자는 본인이 너무 예민하거나 정신이 이상하다고 여기게 된다. 대인 관계에서도 현실감을 잃게 된다. 판단력이 상실되는 것이다.

피해자가 스스로 '나는 미친 사람이라고 느끼고 싶다' 또는 '미친 사람으로 보이고 싶다'고 생각하고, 본인이 원해서 처음부터 가스라이팅을 해 줄 상대를 찾는 일은 없다. 인간이라면 누구나 자기 스스로를 본인이 통제하고 싶고 주체적인 삶을 살고 싶어 하며 그럴 때 행복하다. 하지만 가스라이팅은 상대방의 의지를 거슬러 상대방을 통제하고 조종하려고 한다는 점에서 세뇌의 일종으로 볼 수 있다.

세뇌와 최면의 차이점은 여기에서 알 수 있다. 최면 치료사의 목적은 환자를 조종하거나 환자에게 답을 주는 것이 아니다.[21] 최면 상태에서 환자에게 나아갈 길을 조금씩 안내함으로써 환자 본인이 주체적으로 자신의 문제를 해결하도록 도와주는 안내자가 되는 것이 그 목적이다. 이것은 심리상담가와 심리치료사의 목표와도 동일하다.

치료사는 치료의 목적으로 상대방이 문제를 스스로 해결할 수 있도록 길을 열어줄 뿐, 무엇도 강요해서는 안되며 강요할 수도 없다. 최면 상태는 남들이 보기에는 의식을 잃고 조종당하는 것처럼 보일 수는 있으나 실제로는 환자가 통제력을 가지고 있다. 평소에 하지 않을 법한 행위를 최면 상태에서 하는 것은 무의식적인 욕구나 호기심의 표출일 뿐, 환자 본인이 싫은데 환자의 의지를 완전히 거슬러 조종할 수는 없다. 실제로 환자가 치료사를 믿지 못하거나 최면에 동의하지 않을 경우, 최면에 걸리지 않을 때도 많다.

이렇게까지 길게 최면에 대해 이야기 한 이유는 음악으로 내 기분을 내 맘대로 조절하기 위해 먼저 최면치료에서 지혜를 빌려올 수 있기 때문이다.

긴장감 이완 유도
어딘가에 깊이 몰두하기
일정한 곳에 집중하며 나의 상태를 더 잘 인지하기
트랜스 상태에 이르기

최면 치료는 위의 방법들을 사용하여 이루어진다. 긴장감 이완을 유도하고 편안한 상태를 만든다. 그래서 '편안해집니다' 또는 '릴랙스'라는 말을 많이 쓰기도 한다. 어딘가 한 점에 집중하고 그 곳을 뚫어지게 쳐다보라고 하기도 한다. 어딘가에 깊이 몰두한 상태가 계속될 때에도 트랜스 상태에 들어갈 수도 있기 때문이다. 그리고 눈을 감고 편안한 상태에서 온몸의 세세한 감각들을 느껴보라고도 한다. 지금 다리에 느껴지는 감각이 어떤지, 발끝에 느껴지는 감각이 어떤지에 대해서도 말하며 환자의 상태를 스스로 인지하도록 한다. 그리고 궁극적으로는 트랜스 상태에 들어간다.

하지만 사실 우리는 최면 치료라는 거창한 단계 없이도 이 모든 것들을 음악에서 동일하게 얻을 수 있다. 이 책에서는 음악의 가장 대표적인 효과로 다섯 가지를 이야기할 것이다.

① 음악은 긴장감을 이완시킬 수 있다.
② 음악은 집중력, 몰입도, 능률을 향상시킬 수 있다.
③ 음악은 나의 상태를 인지하고 명상하게 도와준다.
④ 음악은 분위기를 형성한다.
⑤ 음악은 신체 에너지를 고양시킨다.

음악의 다섯 가지 마법과 같은 효과에는 최면치료의 도구들과 같은 내용이 많다. 이 중 최면 치료와 일맥상통하는 긴장감 이완, 몰입도 향상, 인지 효과(명상)를 먼저 깊게 알아보자.

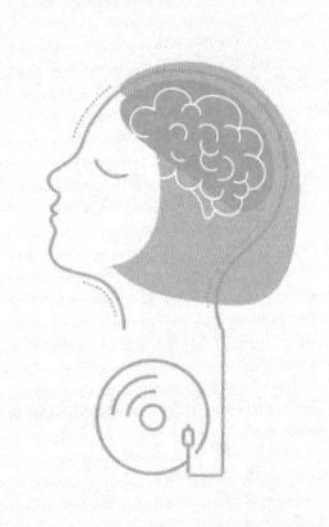

인간의 몸에는
잉태되는 순간부터 리듬이 존재한다.
심장박동이 있다.

마법I.
음악으로 긴장감 이완시키기

평화로운 음악을 들으면 어느 정도 긴장감이 이완된다는 주장에는 대부분 동의할 수 있을 것이다. 긴장감을 이완시키기 위해 일이 끝난 저녁 시간에 클래식 음악을 듣거나 바이올린 음악을 듣는 사람들도 간혹 볼 수 있다. 하지만 음악을 들었다고 항상 긴장감이 이완되는가? 어떨 때는 긴장감이 이완되기도 하고 어떨 때는 오히려 더 정신이 산만해지기도 하지 않는가?

어떨 때는 되고 어떨 때는 되지 않는다면 내 기분을 '내 맘대로' 조절한다고 볼 수 없을 것이다. 우리는 어떻게 하면 음악을 듣고 제대로 긴장감 이완 효과를 누릴 수 있을까?

중국 산시성에 위치한 시안 시유 대학 연구원들은 누구에게나 스트레스 상황인 직장이라는 공간에서 음악의 효능을 시험해 봤다.[23] 많은 장르가 아니라 세 가지 장르의 음악으로 실험해 보았는데 랩 음악(힙합), 슬픈 음악, 아름답고 부드러운 음악(경음악류)을 들려주고 심리적으로 또 생리학적으로 어떤 변화가 있는지를 측정했다.

랩이 들어간 힙합 음악을 들은 직장인들은 대체로 마음이 진정되거나 긍정적인 마음 상태가 되었다고 답했으며 슬픈 음악을 들은 사람들은 회상에 잠기거나 상상력 속으로 빠지는 특징을 보였다. 약간 감상적이거나 평화로운 음악은 직장인들의 감정을 요동하지 않도록 일정하게 유지시켰으며, 부드러운 음악은 끝없이 올라오는 감정들을 달래고 긴장감을 풀어주는 결과를 가져왔다고 한다.

이 연구가 말하는 어떤 음악이 평화로운 음악인지 어떤 음악이 부드러운 음악인지의 분류는 사실 모호할 수 있다. 사람마다 주관적으로 다르게 판단하기 때문이다. 같은 음악도 어떤 사람에게는 슬픈 음악이지만 다른 어떤 사람들에게는 그리 슬프지 않게 들릴 수도 있기 때문이다.

음악은 필시 그 종류에 따라 사람들의 정신 상태에 각기 다른 영향을 끼친다는 것을 알 수 있다.

또 하나의 주목할 점은 음악의 장르와 상관없이 음악치료 실험을 하기 위해 음악을 틀어주는 동안 모든 사람이 경험한 생리학적인 변화가 있었다는 것이다. 음악이 커지는 부분을 들을 때마다 하나같이 혈액순환이 훨씬 빨라지고 원활해졌다. 다른 유사한 연구들을 봐도 음악이 커지면 심장 박동과 혈압이 높아지고 피부의 혈관이 수축되고 풀어지는 등 다양한 생리적 반응이 일관성 있게 나타난다고 말한다.[24]

이 부분은 음악의 가장 큰 효능을 알려준다. 대중음악의 범주에 있는 모든 음악은 커지고 작아지는 작은 흐름의 단위로 구성되어 있다. 한 곡 안에서도 수차례 작았다 커지는 과정을 반복한다는 말이다. 그러므로 대중음악 범주에 있는 모든 음악을 들을 때, 음악이 커질 때마다 우리 몸에서는 혈액 순환이 원활해진다고 볼 수 있다. 특히 음악이 점점 커지거나 두드러지는 부분에서는 항상 그런 효과가 나타난다고 한다.

① 어떤 음악이든 음악을 듣는 행위 자체로 심박동수와 호흡에 영향을 받는다.

과연 어떤 음악이 긴장감 이완에 좋은 음악일까? 사실 우리는 음악의 최면치료적 효과를 갓난아기 때부터 조금씩 경험해왔다. 어떤 음악학 학자들은 콧노래나 목소리로 노래하는 음악이 모든 음악의 시초라고 한다.[25] 그들의 이론은 음악이 모자결속(아이와 어머니의 유대감)을 계속 느끼기 위해 시작되었다는 것이다.

아기가 스스로 자유롭게 움직이지 못할 때는 엄마들은 아이를 항시 안고 있어야 한다. 아이를 눕히고 양손이 자유로워져야 다른 일을 하거나 쉴 수 있지만 아기들은 종종 엄마와 떨어지고 싶지 않아 엄마와 떨어질 때, 울음을 터뜨린다. 그래서 엄마들은 아이를 내려놓고도 아이가 울지 않도록 계속 콧노래를 부르거나 노래를 불러주어 엄마가 곁에 있다는 것을 알려주기도 한다.

이때 엄마로부터 떨어진 아기는 신체적인 접촉이 없어져서 불안한 감정 상태일 수 있다. 하지만 그 순간 엄마의 콧노래나 자장가를 들으면서 보호자가 아직 근처에 있다는 안정감을 느낀다. 엄마는 물리적으로 곁에 없지만 옆에 있을 때와 비슷한 평안함을 경험하는 것이다. 이것이 성인이 될 때까지도 작용하기 때문에, 인간은 목소리로 부르는 노래에 더 끌린다는 것이 신경인류학자인 딘 포크(Dean Falk)의 이론이다.

엄마의 자장가를 잠시 5초간 떠올려 보자. 엄마의 자장가가 구체적으로 생각나지 않더라도 엄마가 자장가를 불러주는 음악에 대한 상상만으로도 마음에 어떠한 평안감을 가져다주지 않는가? 따라서 본인이 편안하거나 평화롭다고 생각하는 음악 또 엄마처럼 함께 있을 때, 평안을 느끼는 존재와 함께 들었던 음악을 스트레스 상황에서 사용하면 긴장감 이완 유도는 어렵지 않다. 앞서 이야기했던 감정과 기억을 처리하는 뇌 영역 활동과도 연결되는 지점이다.[11][7] 평안감을 느꼈던 시간을 돌이켜보고 그때 들었던 음악을 들으면 그 감정 상태가 소환된다. 그때로 돌아가 그때의 평안함을 느껴보라.

---

7 64페이지

② 평안함을 느꼈던 사람, 존재와 함께 들었던 음악은 마음을 평화롭게 한다.

또 한가지 단순히 음악치료의 눈으로 볼 때에는 소리가 전체적으로 큰(시끄러운) 음악은 심리적 압력을 높인다고 할 수 있다.[23] 그리고 정서적으로 너무 슬픈 음악은 가슴 깊은 곳에 묻어둔 우울감을 불러일으킨다.[23] 그러므로 소리가 큰 음악은(이를테면 록 음악, 메탈음악 또는 아주 강렬한 댄스음악, 일렉트로닉 음악 등) 긴장감을 오히려 각성시키는 음악이 되고, 너무 절절해서 눈물이 나게 하는 음악은 긴장감이 이완되다 못해 감정속으로 깊이 접근하게 되어 과도한 몰입 효과를 이끌어 낼 수 있다.

눈물이 나거나 울면 혈압이 내려가게 되어 신체적으로는 긴장감 이완 효과가 나기도 한다.[26] 그래서 엉엉 울고 나면 마음이 한결 가벼워진다고 하는 것이다. 하지만 감정적으로 우울감에 빠질 수 있으니 조심해야 한다. 우울감은 평안한 상태가 아니기 때문이다. 그래서 저자는 전체적으로 소리가 너무 큰 음악과 감정선이 너무 깊은 슬픈 음악은 제외하라고 조언하고 싶다.

③ 소리가 전체적으로 너무 큰 음악, 감정선이 너무 깊거나 심각한 음악은 긴장 이완을 방해할 수 있다.

음악의 주요 요소 중 하나는 리듬이다. 리듬도 긴장감 이완에 큰 요소로 작용한다. 인간의 몸에는 잉태되는 순간부터 리듬이 존재한다. 심장박동이 있다. 심장박동은 곧 혈액이 순환되는 주기이다. 인간은 누구나 태어나면서부터 심장박동이라는 리듬을 꾸준히 안고 살아간다. 일분에 60회에서 100회씩 매일 매 순간 뛰는 심장박동은 음악에서 템포를 나타내는 말 BPM[8], 속도를 나타내는 용어를 동일하게 사용한다. 하루에도 수십 번씩 사람의 심장이 BPM 60에서 100 사이를 오르락 내리락 한다. 그렇다보니, 그와 비슷한 BPM 60에서 100 속도의 음악이 인간의 몸에 친숙한 음악이다.[27]

'인간의 몸에 친숙한 음악'이라는 표현이 다소 비과학적으로 들리지 않는가? 하지만 놀랍게도 과학적인 근거가 있는 말이다. 두 가지 이상의 물질이 비슷한 주파수에서 진동할 때 우리는 '공명'한다고 표현한다. 음악적 자극이 인간의 심장박동과 공명할 때, 인간의 체온, 심장박동, 호흡 등은 그 소리의 진동, 울림에 의해 전반적으로 영향을 받게 된다.[27] 우리가 인지하지 못하고 있을 뿐, 심장박동, 호흡 속도, 혈압, 체온, 아드레날린 등 호르몬마저도 사실 규칙적으로 진동하는 형태이다. 음악의 박자와 속도가 이런 여러 가지 신체의 요소들과 '공명'할 때 충분히 우리 몸에 영향을 끼칠 수 있는 것이다.[28]

음악을 긴장감 이완을 위한 목적으로 사용할 때에는 BPM 80이하인 음악을 사용하는 것이 좋다. 안정 시 사람의 심박수는 대체로 1분에 80회 정도 뛰기 때문이다. 반대로 리듬이 복잡하고 빠른 음악은 몸의 리듬

---

8 BPM: Beats Per Minute의 약자로 1분에 박자가 몇 번 울리는지를 표시하는 음악 용어. 음악의 속도를 나타낸다. BPM은 '메트로놈'이라는 기기로 측정할 수 있는데, 앱으로도 다양하게 나와있다. 음악을 들으며 맞는 BPM을 메트로놈으로 측정하면 속도를 알 수 있다.

을 어느 정도 방해하거나 더 빠르게 촉진시킨다. 리듬이 몹시 복잡하거나 바쁜 음악(예를 들면 프리재즈, 비밥, 프로그레시브, 빠른 아이리쉬 민속음악, 록 장르 등)은 복잡한 리듬으로 인해 긴장감 이완을 방해할 수 있다.

또 예상치 못한 반전이 있는 음악이나 갑자기 변화하는 음악은 긴장감 이완에 좋지 않다. 어느 정도 예상 가능하고 부드럽게 멜로디가 흘러가며 화성적으로 편안하게 들을 수 있는 음악이나 갑자기 변하는 패턴 없이 규칙적인 리듬이 효과적이다. 간단히 말해 단순하고 여유롭게 흘러가는 음악이 긴장감을 이완시킨다. 이런 느리고 단순한 음악은 우리 몸의 리듬을 더 느려지게 하고 따라서 긴장감을 이완시킨다.

④ 리듬이 너무 복잡하고 빠른 음악은 긴장감을 조성한다. BPM 80 또는 그보다 더 느린 음악이 좋다.

이런 기준에 걸맞은 음악 장르는 무엇이 있을까? 지금까지 ③과 ④의 이야기를 한 마디로 정리하자면 결국 리듬, 음량, 감정 모두 과하지 않은 단순한 음악이어야 한다는 것이다. 감정적으로 과하게 슬프거나 화나게 하거나 기쁠 경우, 음량이 과도하게 크거나 리듬이 과도하게 복잡할때, 음악은 긴장감 이완을 방해한다. 속도가 빠른 댄스음악도 열외이다.

쉬려고 음악을 틀었는데 오히려 방해가 되는 것 같아 끈 경험이 있는가? 피로하거나 지쳐있을 때 음악이 거슬려서 꺼본 적이 있는가? 자세히 살펴보면 아마 우리가 살펴본 이유들 때문에 그렇게 느꼈을 것이다.

적용하기

위 기준에 맞는 곡들로 이루어진 다음의 예시를 들어보고 이런 음악이구나 하는 감을 찾아보길 바란다. 그리고 직접 들으면서 정말 긴장감이 이완되는지 한번 확인해 보기 바란다. 사람마다 살면서 들어온 음악이 다르고 음악적 취향이 다르기 때문에 직접 들어보고 스스로 느껴보아야 어떤 음악이 나에게 맞는지 확실히 알 수 있다.

이때 주의할 점은 바쁘게 일을 하면서 긴장감 이완 음악을 들으면 음악이 이완작용을 하더라도 바쁜 일 자체 때문에 스트레스를 받아 긴장 상태가 유지될 수 있다. 핸드폰으로 빠른 템포의 소셜 네트워크(이를테면 인스타그램, 틱톡, 페이스북 비디오 릴, 유튜브 쇼츠 등)를 보면서 긴장감 완화 음악을 들을 경우에는 그것을 시시각각 이해하려고 애쓰는 뇌의 활동으로 인해 당연히 긴장감이 이완되지 못한다.

긴장감을 이완시키는 휴식의 상태는 가만히 있는 상태가 좋다. 가만히 앉아 있어야 하는 지하철이나 버스 안도 좋고 야근 중이나 근무 중 잠시 휴식을 취할 때에도 좋다. 퇴근하고 침대에 누워 다음의 플레이리스트들을 감상해 보아도 긴장감 이완 효과를 누릴 수 있을 것이다. 나른해지거나 졸리거나 몸에 힘이 들어갔던 긴장 상태가 풀리는 느낌이 있다면 효과가 있다고 보면 된다. 플레이리스트를 들어보고 이와 비슷한 음악을 가지고 자신만의 플레이리스트들을 만들어 활용해도 좋다. 아래 QR코드를 인식시키면 여러 개의 플레이리스트 링크가 들어있으니 다양하게 들어보는 것을 추천한다.

긴장감 이완 플레이리스트
1. 피아노 중심 느린 경음악
2. 보컬이 있는 느린 기타 중심 음악
3. 느리고 여유로운 재즈 음악
(QR코드를 휴대폰으로 찍어 음악을 들어보세요)

클래식같이 조용한 음악도 스트레스를 없애고 긴장감을 완화시키는 데에 도움이 될 수 있다.[23] 하지만 라이트 뮤직(Light Music)이라는 장르를 더 추천한다. 클래식이긴 하지만 너무 심각하지 않은 클래식을 말한다. 이를테면 오케스트라 소리가 들어간 포근하고 감성적인 TV, 드라마, 영화 배경음악이 그것이다. 일본의 유명 애니메이션 제작사인 지브리의 영화 삽입곡들도 대부분 라이트 뮤직이며 사운드 오브 뮤직 같은 예전 할리우드 영화의 오케스트라 배경음악도 그렇다.

라이트 뮤직은 소리적으로 클래식과 같다. 하지만 일반 클래식 음악보다 훨씬 단순하다. 하나의 감성적인 선율을 중심으로 나머지 악기들은 단순 반주를 하는 형태가 대부분이다. 클래식 음악 중에는 간혹 너무 슬프거나 깊이가 있어서 심각하게 들리는 음악도 있을 수 있는데 라이트 뮤직 장르의 음악은 대체로 너무 구슬퍼서 우울감에 빠지거나 하는 경우가 없고 가볍게 들으며 마음을 침착하게 하고 평화롭게 하는 데에 도움이 된다. 꼭 라이트 뮤직만 들을 필요는 없지만 많은 음악들 사이사이에 라이트 뮤직이 들어가 있기만 해도 전체적인 긴장감 완화 효과가 커질 것이다. 하루 종일 바쁘고 정신없는 일을 하는 의료진들이 라이트 뮤직을 감상하는 음악치료를 통해 심리적 안정감과 스트레스 해소에 도움을 얻었다는 연구 결과도 있었다.[23]

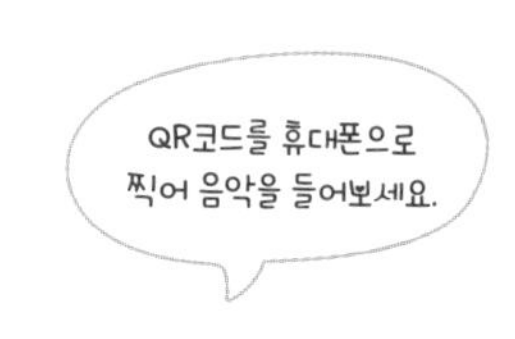

긴장감 vs 스트레스

우리는 종종 긴장감과 스트레스를 혼동하곤 한다. 스트레스를 한껏 받은 상태를 떠올려 보라. 그리고 수백명의 관객이 있는 무대 위에 서기 직전이나 발표 직전 온몸과 손가락 마디마디까지 힘이 바짝 들어간 상태를 생각해 보라. 두 상태의 느낌은 상당히 다르다.

긴장감은 일시적이다. 긴장한 상태로 기말고사를 보고 난 후 수업 종이 치고 고개를 들었을 때, 목과 어깨가 뻐근했던 느낌이라든지 회사에서 무서운 상사에게 또는 군대에서 선임에게 혼나거나 무대나 발표를 앞두고 긴장이 고조되어 손에 땀이 나던 순간의 기분, 몸의 느낌 등을 기억해 보면 이해가 빠를 것이다.

이런 긴장상태는 반드시 일정 시간 뒤 풀린다. 목과 어깨의 뭉침 증상, 등, 허리, 손, 발, 다리 등에 힘이 들어가고 이런 상태가 계속되면 식은땀이 나기도 하지만 긴장을 유발하는 상황이 끝나면 긴장이 풀어지고 우리는 깊은 곳에서 나오는 한숨을 쉬고 '끝나서 다행이다' 또는 그와 비슷한 생각을 갖게 된다.

스트레스는 긴장감과 비슷한 상태이지만 기약 없이 오랜 시간 지속되는 것이다. 누구나 스트레스의 경험을 갖고 있다. 직장이든 학교이든 다른 어느 곳에서든 어떤 특정한 문제로 인해 고민거리가 생기기 마련이고 단 시간 내에 해결될 수 없는 일인 경우가 있다. 그로 인해 고뇌가 시작되면 몇 시간 내에 사라지거나 30분 내에 없어지는 일은 드물다. 주로 며칠 동안, 몇 주 동안, 몇 달 또는 몇 년 동안 지속되는 스트레스도 있다. 두통이 유발되고 마음에 여유가 없어지고 감정이 예민해져서 쉽게 화가 나거나 짜증이 나는 상태에 가깝다.

시안 시유 대학의 난 마오(Nan Mao) 연구원은 개구쟁이 유소년 나이대를 가르치는 선생님들을 인터뷰했는데 그들이 예측할 수 없는 아이들의 행동 때문에 '스트레스'를 느낀다고 답했다고 한다[23]. 하지만 잘 생각해보면 예측할 수 없는 행동에 대비하기 위해 항시 긴장을 늦추지 못했다고 말하는 것이 더 정확한 설명일 것이다. 왜냐하면 일이 끝나고 아이들이 돌아간 후 더 이상 몸에 긴장을 할 필요가 없어질 때, 극도의 신경 집중이 풀어지는 순간이 오기 때문이다. 이런 상태는 스트레스가 아니라 긴장 상태라고 표현하는 것이 정확하다. 아이들이 하원한 후에 유치원 선생님들은 단번에 긴장이 풀어지면서 몸이 쳐지고 피곤이 몰려오는 것을 느꼈을 것이다. 연구진들은 다양한 음악을 이런 선생님들께 들려주었는데 앞서 설명한 '긴장이 이완되고 침착하게 만드는 음악'을 들었을 때, 긴장감 이완 효과를 가장 잘 느꼈다고 답했다고 한다.

이 연구원은 고차원적이고 지속적인 심리적 압박, 학생들의 성적 문제, 문제 학생에 대한 고민 등이 많은 고등학교 선생님들도 인터뷰를 했다. 이들의 경우, 긴장 상태라기보다는 스트레스 상황에 가깝다고 볼 수 있다. 스트레스를 많이 받은 상태에서는 긴장감 이완 음악이 오히려 답답하게 느껴지거나 더 짜증나게 들릴 수도 있다. 스트레스를 해소하는 음악은 오히려 신나는 음악이다. 내가 잘 아는 노래를 노래방에서 고래고래 부르며 미친듯이 춤을 추는 모습이 스트레스를 잘 푸는 상황에 가깝다. 이 선생님들은 신나고 비트가 강한 음악을 들을 때, 스트레스가 풀리면서 부정적인 감정이 제거되는 효과를 누렸다고 연구원은 말한다. 어려운 상황이 주는 스트레스나 생각이나 고민에 쌓여 지속적으로 받는 정신적 스트레스는 친숙하고 신나는 음악과 비트가 강한 음악을 들었을 때, 잘 해소되고 동시에 음악을 듣고 나서 사기가 진작되는 효과도 있었다고 한다.

⑤ 긴장이 심할 때는 긴장감 완화 음악을,
스트레스가 심할 때는 신나고 비트있는 음악, 친숙한 음악이 좋다.

음악으로 긴장감 이완시키기

① 어떤 음악이든 음악을 듣는 행위 자체로
심박동수와 호흡에 영향을 받는다.

② 평안함을 느꼈던 사람, 존재와 함께 들었던 음악은
마음을 평화롭게 하고 긴장을 이완시킨다.

③ 소리가 전체적으로 너무 큰 음악, 감정선이 너무 깊거나
심각한 음악은 긴장 이완을 방해할 수 있다.

④ 리듬이 너무 복잡하고 빠른 음악은 긴장감을 조성한다.
BPM 80 또는 그보다 더 느린 음악이 좋다.

⑤ 긴장이 심할 때는 긴장감 완화 음악을,
스트레스가 심할 때는 신나고 비트있고(드럼 소리가 있는)
친숙한 음악이 좋다.

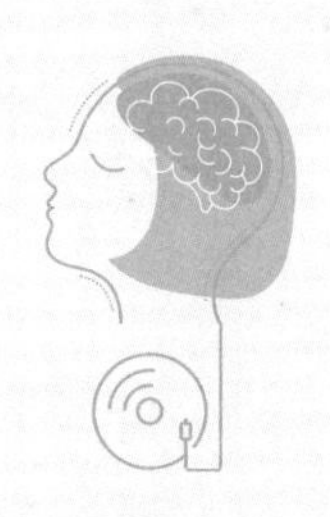

학교 공부가
즐겁다고 생각하는 사람보다
공부가 지루하고, 왜 배우는지 모르겠고,
어렵고 막막하기만 하다고
느낀 사람들이 대부분일 것이다.
그리고 그런 상태이다보니
더더욱 공부에 집중하고
몰입할 수 없었던 것이다.

마법II.
음악으로 집중력·능률 올리기

'공부할 때 들으면 좋은 음악 3시간 연속 재생', '스터디 음악 1시간 연속 재생' 등의 제목이 달린 유튜브 영상을 본 적이 있을 것이다. 과연 음악은 정말 공부할 때 들으면 도움이 되는 것일까? 아니면 공부에 집중해야 하는 정신을 음악에 팔아 정신이 오히려 산만해지는 것일까?

음악의 관성 효과

음악을 들으며 과제나 공부를 하는 환경이 조용한 환경보다 좋은 점은 과제 자체에 대한 관심이나 열정이 떨어지는 순간에도 한 음악이 끝날 때까지 계속 같은 행동을 하고자 하는[9] 관성의 도움을 받는다는 것이다. 이 부분을 조금 더 심도 있게 알아보자.

우리 뇌에서는 듣기 좋은 음악을 들을 때, 더 많은 도파민이 나온다.[29] 더

9 여기서 관성은 물리적 관성이 아닌 비유적 표현이다.

구체적으로 음악을 들을 때, 우리는 스스로의 감정에 대해 평소보다 더 인지하게 된다. 그리고 음악을 듣는 중 그런 지점에 도달하면 도파민이 분비된다.[59] 도파민은 보상감을 느끼게 해주는 역할을 한다고 알려져 있으며 음악을 듣는 동안 지속적으로 도파민이 분비되어 기분이 좋다고 느끼는 것이다. 세로토닌이라는 물질도 분비되는데, 이는 도파민 분비를 조절할 수 있는 물질로 불쾌한 음악을 들으면 세로토닌이 감소하고 듣기 좋은 음악을 들으면 세로토닌이 증가한다.[30] 또 엔도르핀이라는 행복감과 긴장감 이완을 도와주는 물질도 음악으로 인해 촉진될 수 있다.

우리가 크게 느끼지 못하더라도 음악을 듣는 동안 우리의 뇌에서는 많은 기분 좋은 물질들이 분비되는 것이다. 그리고 음악을 듣고 있는 그 상태에 굳이 변화를 줄 필요를 못 느낀다. 뇌에서는 기분 좋은 도파민이 나오는 상태이기 때문에 그 곡이 끝날 때까지 우리는 하던 일을 지속적으로 계속할 확률이 높아진다. 그리고 어떨 때는 한 곡이 끝나고 다음 곡이 나오기까지의 정적 동안 문득 정신이 든 듯한 느낌을 받으며 '공부를 계속할까? 중단할까?'하고 다시 생각해보게 되기도 한다.

음악은 시간 예술이라고 흔히 말한다. 한 음악이 시작되면 그 곡이 끝날 때까지 그 음악의 분위기와 감정이 듣는 사람의 기분 상태에 반드시 영향을 미친다. 정도의 차이가 있더라도 그 시간 동안 우리의 감정을 무의식적으로 지배하는 것은 음악이라는 것이다.

클래식 음악이든 대중음악이든 장르에 상관없이 모든 음악[10]의 공통된

---

10 여기에서 말하는 모든 음악은 모든 조성 음악을 말한다.

점은 서사적이라는 점이다. 언어로 이야기를 설명하는 것은 아니지만, 음악적인 요소들을 통해 조용했다가 커졌다가 극적이었다가 다시 풀어졌다가 하는 일종의 '밀도 조절'을 하며 전체적으로 역동적이고 지루하지 않도록 하나의 이야기처럼 끌고 간다. 숙련된 작곡가들이 곡의 밀도 조절을 더 할수록 듣는 사람은 음악을 끝까지 집중해서 듣게 되고 듣던 음악을 중간에 끄지 않는다. 이런 서사적 특성을 잘 구현한 곡들은 자주 들어도 질리지 않고 음악이 끝난 후 또 듣고 싶어지며 오랜 시간 대중의 사랑을 받는다.

음악은 자연적으로 청자들이 끝까지 음악을 듣도록 하는 데에 열심을 다하는 예술이다. 서사적으로 작곡된 음악의 지배하에 우리는 도파민을 공급받는다. 큰 일이 없으면 굳이 음악을 듣다가 중간에 끊고 자리에서 박차고 일어나는 경우가 적다. 그렇다 보니 음악 없이 공부만 했으면 지쳤을만한 타이밍에도 음악이 계속 이어지기 때문에 계속 공부를 지속하며 그 시점을 잘 넘어가는 경우가 더 많이 생긴다. 집중 시간이 길어지는 것이다.

이런 점은 재활훈련을 위한 음악치료에서도 흔히 볼 수 있다. 음악치료사들이 병원에서 신체 재활훈련을 돕기 시작한 건 1970년대부터이다. 신체 부위를 다쳐 재활운동을 해야 하는 환자들이 많다. 재활은 근육이 부상 치료 이후 수행하기 어려워하는 움직임들을 의도적으로 움직이면서 근육이 원래 상태로 돌아오도록 다시 발달시키는 과정이라 할 수 있는데 부상의 정도에 따라 통증을 동반할 때가 많다. 통증도 있고 기본적으로 움직이기 힘든 근육을 움직이는 것이다 보니 재활치료사와 함께 운동을 하더라도 장시간 이어가기 어려운 경우도 많다.

이럴 때는 검증된 음악치료사나 병원에 상주하는 음악치료사가 음악을 통해 재활치료를 덜 힘들게 할 수 있도록 도와주는 것이다. 음악을 틀고 특정 박자에 맞춰 박수를 치거나 몸을 움직이게 하는 방식으로 진행하기도 하는데 음악이 끝날 때까지 박자에 맞춰 움직이게 된다. 평소 같았으면 오랫동안 할 수 없는 치료도 음악이 끝날 때까지 계속할 수 있도록 동기부여가 가능하다. 또 타이머 역할도 수행한다. 음악이 끝날 때까지의 재활시간을 음악이 주도하기 때문이다.[31]

즐거운 음악을 사용하면 그냥 재활을 할 때보다 훨씬 즐겁게 할 수도 있고 그렇기에 또 더 장시간 집중이 가능하다. 즐거우니 엔도르핀이 분비되어 통증도 덜 느낄 수 있다.[29] 또 음악치료사가 지시하는 바를 이해하고 음악에 맞춰 움직이는 활동이다 보니 인지 능력 발달에도 좋다. 이 모든 요소들을 종합해 볼 때, 음악을 통한 신체 재활치료로 신체적, 정신적, 인지적, 감정적 기능이 개선되는 효과를 누린다고 볼 수 있다. 이런 것이 가능한 것은 음악의 집중력 강화 효과에 기인한 것이다.

① 음악을 들으면서 과제를 수행하면,
음악의 지속성과 몰입감 때문에 집중력이 길어지고 강화된다.

소음 따위는 가뿐히 무시

어떤 이들은 완전히 고요한 상태에서는 집중하지 못한다. 조용하면 이런저런 생각으로 점차 머리가 뒤덮이고 산만해지는 경우가 있다. 또 어떤 사람들은 음악이 없이 조용해야만 집중이 잘 되다가도 자동차 지나가는 소리, 부엌에서 들리는 소리, 거실에서 들리는 TV소리, 지나가는 사람의 전화통화 소리 등 불특정한 소음이 있을 때, 집중력이 금방 깨지는 사람도 있다.

음악을 듣고 있으면 우리의 귀는 음악 이외의 소리들을 무시할 확률이 높다. 앞서 말한 것처럼 우리 귀는 모든 소리를 다 듣지 않는다. 똑똑하게도 가장 크게 중요하게 들리는 소리에만 집중하도록 하여 귀를 소음으로부터 보호한다. 음악을 듣기 시작하면 음악은 상당히 고차원적이고 복잡한 다양한 소리들이 한데 섞여 있기 때문에 우리 귀를 최우선적으로 사로잡기에 충분하다. 음악을 듣기 시작하면 그보다 덜 중요하다고 여겨지는 모든 소음들은 우리 귀의 관심 밖의 영역으로 떨어진다. 종종 소음으로 인해 주의가 산만해지는 사람이라면 음악을 들으면 소음이 사라지는 듯한 느낌과 함께 자연스럽게 집중력이 향상되는 효과를 볼 수 있다.

② 음악 이외의 소음들이 무시되면서, 소음 가운데서도 집중할 수 있게 된다.

그렇다면 왜 어떤 사람들은 음악이 있어야 집중을 잘 하고 어떤 상황에서는 음악이 없어야만 집중이 되는 것일까? 이것을 설명하기 위해서는 미하이 칙센트미하이라는 헝가리계 미국 심리학자의 말을 들어볼 필요가 있다.

능률을 올리는 플로우 이론

음악을 통해 집중력을 높이고 몰입도를 높이면 일의 능률을 순간적으로 올릴 수도 있다. 단 모든 독자가 이 챕터를 읽은 후 즉시 완벽하게 이 방법을 체득할 수 있을 거라는 100% 보장은 주기 어렵다. 어떤 사람에게는 쉽게 터득될 수도 있고 어떤 이들은 전혀 감을 잡기 어려워할 수도 있으나 여러 가지로 도전해 보고 자신에게 맞는 방법을 찾아내는 시간이 필요할 것이다. 이 방법은 많은 실패와 실수를 거쳐 체득한 후에 유용하게 사용할 수 있기 때문에 단 한 번의 도전으로 판단하기는 이르다는 조언을 주고 싶다.

스스로의 상태를 알고자 노력하는 사람과 스스로의 내면과 스트레스 정도에 관심이 어느 정도는 있는 사람들은 더 유리하게 습득할 수 있을 것이다.

플로우 이론(Flow theory)는 미하이 칙센트미하이(Mihaly Csikszentmihalyi)라는 헝가리계 미국인 심리학 교수의 이론이다. 이 교수의 책과 연구에 나오는 '플로우(Flow)'는 한국어 번역책에는 '몰입'이라고 번역되어 있다. 그래서 한국어로는 '몰입 이론'이라고도 한다.

능률과 효율성에 목마른 한국인들에게 아직 플로우 이론이 널리 알려지지 않았다는 점은 실로 놀라운 일이다. 칙센트미하이의 책들의 문체가 다소 학문적이어서 일반 독자들에게는 너무 어려운 책으로 인식된 것 같기도 하다. 하지만 선구자적인 이론인 만큼 한번 알아두면 그 자체로도 이미 남들에게는 없는 능률을 증가시키는 치트키를 얻을 수 있다.

현실 벗어나기

몰입이란 무엇일까? 사람들은 늘 특별한 희열을 느끼고자 한다. 그 희열은 다른 말로 일상에서 벗어난 듯한 현실에서 벗어난 것 같은 특별한 느낌이라고 할 수 있겠다. 사람들은 공연이나 운동경기, 서커스, 연극이나 영화를 보기 위해 특정한 장소에 간다. 공간이 바뀌면 늘 똑같은 각박한 현실에서 벗어난 것 같은 느낌이 들기 때문이다. 늘 일하던 사무실이나 방에서 유튜브나 넷플릭스를 보는 것과 영화관에 가서 완전히 몰입해서 영화를 보는 것은 같은 영화를 본다 할지라도 완전히 다른 경험일 것이다. 작품을 더욱 질 좋게 볼 수 있는 공간이라서 좋은 점도 있지만, 다른 공간에 들어간다는 것은 일상적이지 않은 특별한 경험이다.

조명을 달리하는 것만으로도 현실에서 벗어난 느낌을 낼 수도 있다. 천장 한가운데 달린 새하얀 백열등의 직접 조명보다는 조금은 누렇거나 붉은 무드등이나 간접 조명이 유행하는 이유도 그것이다. 천장에 달린 강렬한 직접 조명을 켰을 때와 예쁜 무드등과 달 모양 LED램프를 켰을 때는 같은 공간도 180도 다른 공간처럼 느껴진다. 너무나도 현실적이었던 침실이 조금 더 따뜻하고 낭만적인 비현실적인 공간이 되는 것이다.

사실 음악은 어딘가 특별한 곳에 가거나 조명을 바꾸지 않더라도 현실에서 벗어난 것 같은 경험을 하게 해준다. 같은 식당이어도 일렉트로닉 클럽 하우스 음악이 나오는 경우와 쎄시봉을 연상케 하는 포크 음악이 나오는 경우, 호텔이 연상되는 라운지 재즈 음악이 나오는 경우, 모두 다른 식당 같은 느낌을 줄 것이다. 재즈음악이 나오면 사람들은 고급 레스토랑에 온 것 같은 느낌을 받을 것이고 분위기가 좋은 식당이라고 여길 가능성이 높으며 메뉴가 조금 가격이 나가더라도 음식이 고급일거라 생각하고 지불할 가능성도 높다. 포크 음악이 나오는 경우에는 포크 음악을 특히 좋아했던 세대의 사람들에게 과거로 돌아간 듯한 착각을 불러일으킬 것이다. 고로 친숙한 느낌과 긍정적인 인상을 받을 것이다.

공간적 특성뿐만 아니라 과거로도 이동이 가능한 시공간을 초월한 힘을 가진 것이 음악이다. 복고 음악이 나오는 클럽이 인기가 상당한 이유도 비슷하다. 내가 어렸을 때 좋아했던 음악을 계속 들으면 그 시절로 돌아간 것 같은 느낌이 든다. 지금은 종영한 '무한도전'의 '토요일 토요일은 가수다' 에피소드들이 좋은 예이다. 그 시절 우리가 좋아했던 가수들의 음악을 듣고 따라 부르면 듣는 사람도 그 시절로 돌아간 것 같은 느낌이 들기 마련이다.

2018년 2월 17일, 24일에 방영된 무한도전 '토요일 토요일은 가수다' 시즌 3은 큰 인기를 몰았던 H.O.T.가 해체 후 17년 만에 다시 모여 공연을 하는 에피소드였다. SPOTV 뉴스의 이은지 기자는 이 공연의 현장 분위기를 한 마디로 정리했다.

> 공연 시작 전부터 모인 팬들과 함께 멤버들은 공연이 시작되면서부터 17년 전 소녀, 소년으로 돌아갔다.[32]
>
> \- SPOTV NEWS

단순히 2018년 2월 17일의 현실에서 H.O.T.의 공연을 관람한 것을 넘어 17년 전으로 돌아가 소년과 소녀로 돌아간 듯한 비현실적인 느낌을 공유했다는 말이다. 젊은이부터 노인까지 '그 시절 내가 사랑했던 음악'

이 없는 사람은 생각보다 별로 없다. 작가 본인의 어머니는 1978년 발매된 Rod Stewart의 <Sailing>이라는 음악을 들으면 그 시절이 생각난다고 한다. 그리고 그런 음악을 들으면, 지루하거나 힘든 현실에서 잠시 벗어나는 '현실 도피'가 가능하다.

무아지경 몰입 상태

아주 능숙한 작곡가들은 음악을 기보할 종이 한 장만 있으면 소리를 상상하면서 곡을 쓸 수 있어서 어디에서나 그런 현실도피의 희열과 황홀경을 맛볼 수 있다. 어떤 화가들은 그림을 그릴 종이 한 장만 있으면 어디에서나 이런 희열을 맛볼 수 있다. 현실 감각이 사라지고 작품활동에 집중하면서 비현실적인 집중의 공간에 들어간다. 나와 세상은 간 곳 없고 그림을 그리는 이 행위에 몰두하여 시간 가는 줄 모를 정도의 즐거움을 느낀다. 어떤 예술이나 이런 경지가 있고 장인들이나 어느 이상 전문성을 갖춘 예술인들, 특정 분야의 전문인들은 대부분 이런 경험을 한다. 하지만 전문가의 수준이 아닐지라도 심지어 어린 시절에도 느낄 수 있다. 어린 시절 교회 피아노 앞에 앉아 나름대로 좋아하는 곡을 어설프지만 치면서 느꼈던 몰입감과 희열이 너무 좋고 잊을 수 없어서 피아노과 전공을 희망하게 되는 경우도 있다.

영화 '소울(2020)'에도 이런 순간이 묘사되어 있다. 피아니스트이자 피아노 선생님으로 나오는 주인공 '조'는 '22번'이라는 이름의 캐릭터와 함께 특별한 공간을 방문한다. 그 공간은 본인의 일에 심히 몰두하여 깊은 희열을 느끼는 무아지경에 빠진 사람들이 오게 되는 육체와 영혼 사이의 공간이다. 그 모습을 본 '조'는 자신이 오디션장에서 피아노 연주에 극도로 몰입했을 때, 이 공간에 와본 적이 있다고 말한다. 이 영화는 음악가뿐만 아니라 연기자, 타투이스트, 운동선수 등도 이곳에 온다고 묘사되어 있다. 명상을 하는 사람도 있고 가볍게 생각할 수 있는 단순 직업을 가진 홍보 패널을 돌리는 사람, '문윈드'라는 인물도 이렇게 심히 몰두해서 무아지경의 공간에 온다.

'무아지경'이라는 말을 낭만적인 감상 또는 과장된 표현이라고 여길지도 모르겠다. 하지만 이러한 상태는 실제로 존재하며 많은 예술가들과 스포츠 선수들이 경험한다. 어느 한순간 극도로 경기에 몰입하여 순간적으로 비현실적인 실력을 보여주는 순간들이 몰입의 예시이다.

심리학자 칙센트미하이는 이렇게 한 가지 일에 빠져 몰입을 경험하는 스포츠 선수들과 예술가들을 여럿 인터뷰했는데 인터뷰를 받은 사람들에 의하면 거의 내가 존재하지 않는 것 같은 느낌이라고 답했다고 한다. 말 그대로 무아(無我), 내가 없어지는 경험이다. 1992년 NBA 챔피언십 경기에서 마이클 조던은 18분 만에 6점 슛을 3개나 넣는 기적을 보여줬는데, 경기 후 인터뷰에서 그도 '무아지경의 상태(in the zone)'였다고 당시 상황을 설명했다.

이 책에 종종 등장하는 뇌파의 개념으로 보아도 무아지경의 상태는 실존하는 현상이다. 무아지경의 상태는 세타파가 강하게 나타나는 상황이다[33]. 앞서 음악으로 긴장감을 이완시킬 때, 알파파와 세타파가 발생된다고 살펴본 바 있다. 세타파는 수면은 아니지만, 수면 같은 상태, 명상 상태에서 나타난다. 운동경기 중 무아지경에 빠지는 경우, 세타파가 발생되는데 이때 피로함, 고통, 두려움 같은 부정적인 요소들을 잘 못 느끼게 되어 최고의 능력을 폭발적으로 보여줄 수 있게 된다.

플로우 이론에서 말하는 몰입 상태 또는 몰입 경험은 앞선 챕터에서 말한 최면 치료의 트랜스 상태와 일맥상통하는 상태라고 볼 수도 있겠다. 그 상태로 들어가는 방식과 목표는 다르지만 궁극적으로 도달하는 지점이 비슷하다. 칙센트미하이는 이것을 '몰입 경험'이라고 정의했다. 나와 주변 환경을 잊어버릴 정도로 한 가지에 집중한다는 점과 현실을 벗어나 어느 정도 비현실적인 경험을 한다는 점에서 그러하다.

사실 플로우 이론의 몰입 상태는 운동 경기, 시 쓰기, 외과 수술, 비즈니스 업무 또는 우리가 보통 중요하게 여기지 않는 수다시간이나 텔레비전 시청 중에도 경험할 수 있다. 과하게 어느 것에 몰두하는 상황을 떠올려 보면 된다. 영화 '해리포터'를 보다가 '호그와트 마법 학교'가 있는 영화 속 세상에 깊이 집중하는 순간에 우리는 현실을 잊어버리고 해리포터의 세상만 존재하는 것처럼 그 내용에 몰입한다. 그리고 몰입해 있는 동안의 시간이 '순삭'[11]되는 순식간에 사라진 것 같은 시간 왜곡을 경험한다.

이렇게 한 가지 일에 '몰입'했을 때, 우리는 시간의 흐름을 느끼지 못하게 되어 '시간이 총알같이 지나간다'는 표현을 하게 되며 밥 먹는 것과 잠자는 것을 잊어버리고 주어진 일을 '초집중(Hyper-focus)'상태로 계속하게 된다.

하지만 이런 몰입 상태는 최면 치료의 트랜스 상태와 달라서 최면 치

11 순삭: '순간 삭제' 또는 '순식간에 삭제'를 줄여 이르는 신조어. (우리말샘, 2019)

료 중에 최면 치료사가 제안이나 말을 하면 환자가 그 말을 평소보다 더 잘 수용하게 되는 효과 같은 것은 기대하기 어렵다. 오히려 주변에 어떤 일이 일어나는지 인지를 잘 못하게 되고 누가 무슨 말을 하더라도 들리지 않을 수도 있다. 이런 플로우 몰입 상태에서는 몰입해 있는 그 한 가지 활동에 대한 능률이 극대화된다.

칙센트미하이 교수는 플로우 이론을 통해 우리가 이 몰입 상태에 들어가고 나오는 것을 스스로 조절할 수 있다고 주장한다. 그리고 그 점에서 제대로 알아볼 가치가 있다. 자신의 상황과 외부 요소를 조절하여 몰입 상태에 금방 도달하도록 하는 공식이 존재한다는 것이다. 이것이 가능만 하다면 빨리 어떤 과제를 끝내야 할 때나 빠른 시간 내에 방대한 양의 업무를 끝내고 야근을 피해야 할 때, 얼마나 요긴한 도구가 되겠는가?

먼저 플로우 이론에서 말하는 몰입 경험 공식을 설명한 후 음악을 이용하여 능률을 올리는 방법을 설명하고자 한다. 칙센트미하이의 플로우 이론의 몰입 마법은 다섯 가지 요소가 만나야 가능하다.

① 자연스럽게 보람을 얻을 수 있는 과제일 때
(아주 싫어하거나 무관심한 일을 하면서 몰입경험을 할 수는 없다.)
② 목표가 명확하고 일의 진행상황이 눈에 보일 때
③ 어떻게 해야 할지, 어떻게 수정해야 할지 스스로 알 때
④ 현재 상황에 집중할 수 있는 환경일 때
⑤ 과제의 난이도와 기술 능숙도가 맞을 때

이것을 현실에 적용해 예시를 들어보자. 플로우 이론의 다섯 가지 요소를 이용하여 '내가 별로 좋아하지 않는 공부를 시간이 가는지 모를 만큼 몰입해서 하려면 어떻게 해야 할까?' 모든 학부모들과 수험생들의 바람일 것이다.

①번 조건에 따라 자연스럽게 보람을 얻을 수 있도록 관심이 있는 공부여야 할 것이다. 과학이 너무 싫은 학생을 과학 공부에 몰입하게 하려면 과학에 대한 관심을 불러일으키는 것이 먼저인 것이다.

②번 조건에 나와 있듯이 공부의 목표가 명확해야 하고, 공부의 진척상황이 눈으로 보이도록 그래프나 눈에 보이는 형식(스티커, 색칠 등)으로 만들어 진행상황이 눈에 보이도록 하는 것이 좋다. 피아노 학원에서 연습을 다섯 번 하라고 시킨 후 연습을 할 때마다 연습장에 있는 하얀 사과 그림을 하나씩 색칠하게 하는 것과 비슷하다.

③번 조건에 따라 스스로 자기의 공부를 분석해 보아야 한다. 내가 공부를 잘 하고 있는지 판단해 보고 어떤 유형의 문제를 잘 못하는지 오답노트를 스스로 만들거나 스스로 잘 모르는 내용을 정리하는 노트를 만드는 등의 형식이 될 것이다. 어떤 이들은 이것이 불필요한 시간 낭비라고 여기는 사람도 있다. 하지만 스스로 자신의 진척상태를 알고 있으면 있을수록 페이스 조절을 효율적으로 할 수 있고 동기부여가 가능하다.

④번 조건도 중요하다. 내가 공부하는 장소와 시간이 공부에 집중할 수 있는 환경인지를 체크해 보면 될 것이다.

이런 식으로 몰입 이론의 네 가지의 요소를 맞춰갈 수 있다. 마지막 ⑤

번 조건은 아래와 같다.

① 과제의 난이도　② 기술 능숙도

이 두 가지를 균형 있게 조절할 때, 우리는 ⑤번 조건을 만족하며 우리가 원할 때, 몰입 상태에 들어갈 수 있다. 과제 난이도란 과제가 얼마나 어려운 과제인지를 말한다. 같은 달리기라도 산책하면서 달렸다가 걸었다가 하는 일상적인 쉬운 난이도가 있고 세계 올림픽에서 겨루는 육상 달리기가 있듯이 한 가지 과제 내에서의 난이도라고 생각하면 좋겠다. 기술 능숙도는 본인의 능숙도이다. 예를 들어 육상을 체계적으로 배운 사람은 달리기가 능숙하고 달리기 경험이 없고 움직이는 활동이 적어 다리에 근육이 발달되지 않은 일반인은 달리기가 능숙하지 않은 것이다.

칙센트미하이에 따르면 몰입은 단순히 일이 쉽고 그 일을 잘 해서 되는 것이 아니라고 한다. 수학 교수가 초등학교 1학년 수학 문제를 100개 푸는 것과 비슷하다. 수학 교수에게 초등 수학 문제를 많이 내주면 너무 쉬워서 술술 될 것이라 생각하는 사람도 있을 것이다. 하지만 수학 전문가 입장에서는 과제가 너무 쉽고 초등 수학 문제는 관심을 거의 유발하지 않기 때문에 금방 지루해진다. 아마 시작하고 얼마 지나지 않아 몰입이 깨져서 어느 정도만 하고 말거나 대충하고 빨리 이 일을 정리하고 싶어진다. 왜 해야 하는지 동기부여도 되지 않는다. 그래서 몰입해서 능률적으로 어떤 일을 하려면 과제가 어느 정도는 내 능력 수준과 맞아야 한다는 것이다.

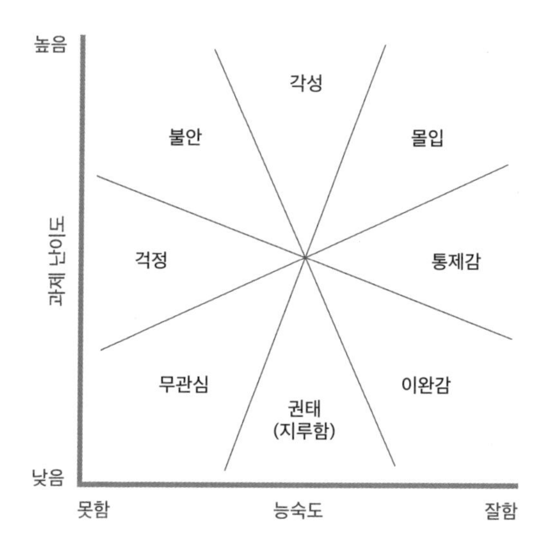

몰입 경험, 과제 난이도, 기술 능숙도의 상관관계

그는 몰입의 반대 상황을 지루함과 무관심, 걱정이라고 봤다. 그래서 이 그래프에 '몰입'이라는 단계의 정반대 위치에 세가지가 자리하고 있는 것이다. 과제가 너무 지루하거나 과제가 본인의 관심사와 동 떨어져 있거나 과제가 어렵고 막막해서 걱정만 하고 실제로는 손을 대지 않는 상태 등을 말한다. 누구나 이런 경험을 한 적이 있을 것이다. 학교 공부가 즐겁다고 생각하는 사람보다 공부가 지루하고 왜 배우는지 모르겠고 어렵고 막막하다고 느낀 사람들이 대부분일 것이다. 그리고 그런 상태이다 보니 더더욱 공부에 집중하고 몰입할 수 없었던 것이다.

칙센트미하이의 몰입 이론에 따르면 과제 난이도가 높으면서 어떤 일에 대한 숙련도가 높을 때, 몰입이 깊게 된다고 한다. 쉽게 말해 잘하는 일을 높은 수준으로 하는 것이다. 최고의 피아니스트가 아주 어렵게 작곡된 곡을 연주하는 것이다. 그래서 장인, 예술가, 최고의 운동선수들이 몰입 상태를 더 자주 경험하는 것이다.

하지만 '몰입'단계 뿐만 아니라 그래프 오른쪽에 위치한 4단계인 각성, 몰입, 통제감, 이완감은 모두 능률이 좋은 상태라고 봐도 된다. 우리가 도움이 필요한 구간은 무관심, 권태(지루함), 걱정, 불안 단계이다.

무언가 하면서 듣는 음악은 잘못하면 하고 있는 과제 자체에 집중하지 못하도록 방해만 하는 존재가 되기 십상이다. 과제에 집중하기도 바쁜 뇌에게 음악도 처리하라고 하는 꼴이니 말이다.

하지만 뇌가 처리하기 어렵지 않은 비교적 단순한 사운드는 오히려 과제 난이도를 살짝 올리는 결과를 가져오게 되어 그래프 상에서 몰입 상태에 더 가까워지게 하는 효과를 가져올 수 있다.

텔레비전에서 하는 프로그램의 내용이 지루할 때, 프로그램을 보면서 게임을 하는 경우가 있다. 저자의 남편도 어머니도 저자 본인도 종종 그런 경우가 있다. 어떨 때는 텔레비전의 내용이 지루하지 않은데도 다른 무언가를 하고 싶거나 소셜 네트워크를 확인하고 싶어서 손이 근질근질하다는 느낌을 받을 때가 있다.

칙센트미하이의 이론에 비추어 생각해 볼 때, 텔레비전 하나만 보면 뇌가 더 편할 수도 있지만 게임이나 휴대폰까지 더불어서 하면서 일을 더 어렵게 만드는 것은 '지루하다'는 느낌을 탈피하기 위한 자연스러운 현상이다. 이와 같은 원리로 평소 같았으면 지루했을 과제가 음악을 할 때, 조금 더 집중이 잘 되는 경우가 있다.

하지만 알아둘 점은 인간의 뇌는 1초에 120비트 이상의 정보를 처리하지 못한다는 것이다.[34] 누군가의 말을 이해하기 위해서는 1초에 60비트 정도를 처리해야 한다. 그래서 두 명 이상이 동시에 말할 때, 인간의 뇌는 두 사람의 말 모두를 동시에 제대로 이해할 수 없다. 처리해야 할 정보가 1초에 120비트를 거의 넘어서기 때문이다.

과제의 작업 강도와 음악의 처리량 합이 이 한계를 넘어가면 이도 저도 이해가 되지 않는다. 과제도 되지 않고 음악도 들리지 않을 것이다. 그러니 과제 난이도의 총량을 생각해 볼 때, 너무 쉬운 과제라서 지루한 경우에는 조금 더 흥미로운 음악을 들어도 과제수행이 원활히 가능할 것이고, 그렇게 쉽지는 않은데 지루한 경우에는 훨씬 신경에 거슬리지 않는 음악이나 사운드를 듣는 것이 맞을 것이다. 이렇게 과제가 조금 더 어려워질수록 덜 지루해지는 효과가 나타난다. 덜 지루하면 집중이 더 쉬워진다.

따라서 과제를 더 집중하고 몰입해서 하고자 할 때는 기본적으로 신경에 거슬리거나 강하고 시끄러운 음악이 어울리지 않는다. 본인이 너무 좋아하는 음악이라서 듣자마자 집중하게 되는 음악도 맞지 않다. 바로 우리의 신경을 잡아 끄는 류의 배경음악은 과제 수행은 잊어버리고 음악에만 집중하게 한다. 과제가 주인공이 되도록 흘려들을 수 있는 음악이어야 한다. 이제 하나하나 그래프에 나온 단계들을 살펴보자.

무관심 단계

'무관심' 단계는 누가 봐도 난이도가 낮고 쉽게 잘할 수 있을때 일어난다. 신기하지 않은가? 사람들은 흔히 쉬운 일을 하면서 살고 싶다고 하지만 너무 쉬운 일이면서 잘 할 수 있는 일을 할 때는 관심이 떨어진다. 하고 싶은 욕구가 들지 않는 것이다.

이를테면 어른이 유아용 책을 읽을 때 느껴지는 감정 상태일 것이다. 친구네 집에 갔다가 친구의 자녀가 보는 유아용 책을 집어 들어 본 적이 있는가? 또는 친척 집에 갔다가 조카아이가 본다는 유아용 책을 본 적이 있는가? 어른들이 그 책을 집어들 때에는 주로 호기심에 집어 든다. 하지만 그 책을 끝까지 다 읽고 내려 놓는 어른은 거의 없다. 집어 들었다가도 '사과', '가위' 같은 단어만 나열된 책들을 주의 깊게 다 읽어보는 사람은 별로 없다. 대개 금방 관심이 떨어져서 한 두 장만 훑어보고 내려놓게 된다.

일상생활에서 우리가 이렇게까지 쉬운 작업 때문에 문제를 겪는 상황은 거의 없다. 이런 과제들은 우리의 생업 활동과 관련이 없을 때가 많다. 유아용 책 만드는 사람이라 직업적으로 읽어야 하는 사람이 있을 수 있지만, 아마 그들에게 유아용 책을 읽는 일은 일반인에게처럼 쉬운 일이 아닐 것이다. 디자인을 꼼꼼히 보거나 재질을 테스트 하며 폰트는 어떤 글씨체를 썼는지 일러스트 그림은 어떤 스타일인지 꼼꼼히 살펴볼 것이다. 과제 난이도가 다른 것이다.

수행해야 하는 있는 과제에 무관심하다면 음악을 듣는다고 능률이 오를 리가 없다. 앞서 말한 것처럼 동기부여를 하려는 시도가 필요하다. 유아용 책이 책 만드는 사람에게는 조금 더 관심 있는 관심분야이자 과제 난이도가 상승되듯이, 앞서 말한 수학 교수가 전혀 관심도 동기부여도 되지 않는 초등학교 1학년 수학 문제를 100개 풀기 위해서는 어떻게 해야 할까? 이를테면 초등학교 1학년 교과과정 전체를 이해하고 초등수학 교수법을 알고 싶다는 생각으로 문제들을 본다면 조금 더 흥미롭게 끝까지 해낼 수 있지 않을까? 최소한 무관심에서 권태(지루함) 단계로 옮겨갈 수 있을 것이다. 그때 비로소 음악의 힘을 빌릴 수 있다. 동기 부여가 우선이다.

관심 없는 일 능률 올리기

다른 시각으로 과제를 바라보아 동기 부여를 하는 것이 우선이다.

동기 부여가 되고 권태(지루함) 단계로 진입한 후, **음악의 힘을 빌리라.**

권태(지루함) 단계

그래프를 보면 기술 능숙도는 높은데 과제 난이도가 낮을 경우, 쉽게 '권태' 곧 지루함에 빠진다고 표현되어 있다. 쉬운 말로 하면 내가 잘하는 일이긴 한데 너무 단순해서 오랜 시간 지속적으로 하기에 지루하다는 뜻이다. 이런 일들은 주로 단순하고 반복적이며 많은 생각을 요하지 않는다. 무언가를 차곡차곡 정리한다거나 매일매일 반복적으로 해서 몸이 그 움직임을 기억하게 되는 단순 노동의 경우가 그렇다.

인간은 어떤 과제가 무료하고 지루하면 하던 일을 점점 더 천천히 하게 되고 멈추고 싶어지다가 끝내 그만 두게 된다. 과제가 어려워서 막히는 것도 아니고 쉬운 일이라 집중하면 금방 끝낼 수도 있지만, 요즘 표현대로 '격렬히'하고 싶지 않아지는 것이다. 쉬운 일이라고 모두 능률이 높지는 않다.

이런 경우에는 음악을 비롯한 수동적 시청각 요소를 더해 작업 난이도를 올림으로써 '지루함' 단계에서 '이완감'이나 약간의 '각성' 상태로 진입할 수 있다. 굳이 쉬운 일을 왜 더 어렵게 만들겠는가하고 생각하는 사람도 있을 것이다. 하지만 사실 이 방법은 이미 주부들이 널리 사용하는 방법이다.

빨래 개는 것을 예로 들어보자. 빨래를 자주 개지 않는 사람은 손에 익을 때까지는 기술이 능숙하지 않기 때문에 과제가 그렇게까지 지루하지 않을 수도 있다. 하지만 손에 한번 익으면 눈 감고도 할 듯 꽤 쉽게 느껴지지만, 항시 시각을 사용하여 잘 접었는지 체크해야 하기 때문에 진짜 눈을 감고 할 정도로 쉬워지기는 어렵다. 만약 빨래만 개는 공장이 있어서 밤낮 빨래만 개는 사람들은 아마 일반적인 수준 이상으로 익숙해져서 '권태'가 아닌 '이완감'에 머물고 있을지도 모른다.

하지만 일반인들에게 빨래를 개는 활동 같은 단순 노동은 아무런 다른 요소 없이 빨래만 개면 상당히 지루할 수 있다. 어느 정도 신경을 써야 잘 갤 수 있는데 양이 많을 때는 30분 이상 걸리기도 한다. 30분 이상 청각이나 시각적 자극 없이 옷감만 보면서 같은 활동을 반복하다 보면 상당히 무료하고 지루하다. 그래서 TV 앞으로 빨랫감을 가져와 시청하면서 하는 경우가 많다. 이것이 시청각 요소를 이용해 과제 난이도를 높이는 가장 흔한 예이다. 저자의 남편은 설거지를 할 때마다 축구 관련 유튜브 영상을 틀어 놓고 한다. 이것도 그 시간의 무료함과 지루함에서 벗어나 어느 정도는 그 순간을 즐기며 그 순간의 능률을 올리고자 하는 자연스러운 행동이다.

사실 영상물 시청은 시각과 청각을 모두 사용하기 때문에 정말 단순하고 지루하다고 여기는 활동에서 주로 선호하게 되는데, 청소기를 돌리거나 걸레질과 같은 집안일을 할 때는 시각이 필수적이다. 눈으로 청소하는 구역을 바라보는 것이 과제 성취에 필수적이기 때문에 TV를 설령 틀어 놓는다고 해도 그것을 좀처럼 쳐다보기 어렵고 대부분의 시간 귀로 소리만 듣게 된다. TV를 쳐다보려고 노력할수록 정작 하고자 하는 청소를 제대로 하지 못하고 산만해지게 된다. 이게 바로 집집마다 한번쯤은 들어봤을 어머니들의 잔소리로 한번에 두 가지 일을 하다가 이도 저도 못하는 경우가 바로 이것이다.

앞서 말한 대로 뇌가 한번에 처리할 수 있는 양은 1초에 120비트 정도로 한계가 있다는 점이다. 한 감각을 사용하여 동시에 두 가지 일을 완벽하게 처리하는 것이 거의 불가능에 가까운 이유는 여기에 있다.

따라서 과제에서 필요로 하는 감각을 제외한 요소를 더하는 것이 중요하다. 회사에서 일과 보고서를 늘 작성하다 보니 보고서 작성이 쉬워졌다고 하자. 그렇다 하더라도 영상을 틀어 놓고 하면 영상을 쳐다보다가 오타가 생길 수도 있고 문서 작성 화면을 제대로 바라보지 않아 전체적으로 깔끔하지 못한 레이아웃을 만들게 될 수도 있다. 시각을 사용해야만 가능한 과제에 시각적 요소를 더하면 한번에 두 가지를 봐야하는 상황이 생기는데 이것은 우리 뇌를 시험하는 일이다.

앞서 언급한 것처럼 우리 뇌는 한번에 일정량 이상의 정보를 처리하지 못한다. 한번에 두 가지를 듣거나 두 가지를 보는 행동은 과제 난이도를 순간적으로 과도하게 높이는 효과를 가져와서 마치 '뇌가 정지하는 듯한' 느낌이 들 수도 있고, 둘 중 한가지에 정신이 팔리는 결과를 가져올 수 있다. 능률도가 반대로 감소하게 된다. 따라서 시각적 과제에는 청각만을 사용하는 라디오나 음악을 들으면서 하는 것이 바람직하다.

과제가 쉬운 경우에는 본인이 따라 부를 정도로 열정적으로 좋아하는 음악이거나 신나는 음악을 들으며 과제보다 음악에 더 몰입하여 지루한 시간을 즐겁게 끌어올리는 것이 좋다. 열정적으로 좋아하는 곡이 딱히 없다면 조용한 곡보다는 신나는 음악을 추천하는데 신나는 음악은 물리적 활동을 더 쉽게 하도록 돕는다.[12]

지루하고 쉬운 일 능률 올리기

음악을 들으면서 과제를 수행해 난이도를 높이면
약간의 각성감을 느끼며 더 능률적으로 일할 수 있다.
신나는 음악이나 본인이 좋아하는 음악을 들으며 과제보다
음악에 더 몰입하여 지루한 시간을 즐겁게 끌어올린다.
예) 빨래를 개면서 라디오나 TV를 시청한다.
신나는 음악을 들으며 명함을 정리한다.

---

12 음악은 신체적 활동을 더 수월하게 하고 돕는다. 이에 대한 내용은 마법 V. 신체적 운동 활동 향상시키기 챕터에서 더 깊이 알아볼 수 있다.

걱정 · 불안 단계

그래프에 따르면 높은 과제 난이도와 낮은 능숙도가 만나는 지점(왼쪽 중간과 위)에서 사람들은 걱정과 불안을 경험한다. 쉬운 말로 설명하자면 본인이 잘 못하는 일인데 과제 수준도 엄청 어려운 것이다. 운동과는 거리가 멀고 늘 가만히 앉아 그림만 그리는 화가에게 육상대회에서 메달을 따라는 격이다. 이런 상황에서 극도의 걱정과 불안이 생기는 것은 너무나 당연하다.

내 실력보다 너무 어려운 일을 할 때, 우리는 '걱정' 상태에 있게 된다. 내 실력으로는 불가능할 것 같은 과제를 대할 때, 우리는 '불안' 단계에 있게 된다. 이 불안 단계는 불안으로 가득 차 과제 수행이 어려울 정도의 불안감을 생각하면 된다.

음악은 이런 상황을 도와줄 수 있는 최적의 도구이다. 불안이나 긴장 수준이 올라갈 때, 음악은 간단히 긴장감을 완화시켜주고 스트레스를 해소해 줄 수 있기 때문이다. 걱정이나 불안이 많을 때에는 중간중간 극도로 높아진 불안 수준을 풀어주고 쉬는 시간마다 음악이나 시청각 자료로 기분을 환기하면 불안감에 잠식되어 과제를 수행하지 못하는 일을 확실히 줄일 수 있다.

불안감이 심할 때는 그 상황을 잠시 중단하고 건강한 방법으로 감정 에너지를 표출하거나 심박수를 낮추고 긴장감을 완화시키는 것이 가장 효과적이다. 두 가지 다 음악으로 가능하다.

건강하게 감정 에너지를 표출하는 방법으로는 잠시 조깅을 하러 밖으로 나가거나 트램펄린 위를 뛴다든지 하는 활동적인 것들이 있는데, 큰 소리로 노래를 부르고 신나는 음악에 맞춰 춤을 추거나 미친 척 시간을 보내는 것도 크게 도움이 될 수 있다. 심박수를 낮추고 긴장감을 완화시킬 때에는 책을 읽는 것도 좋은 방법이고 편안한 곳에 앉거나 누워 이전 챕터에 제시한 긴장감 이완 플레이리스트를 사용하거나 그와 비슷한 음악을 듣는 활동이 도움이 될 것이다.

걱정되고 불안한 일 능률 올리기

· 과제 중 쉬는 시간을 만들어 걱정과 불안을 해소하라. 긴장감 완화 음악, 책 읽기, 시청각 자료 등으로 주기적으로 기분을 환기하라.

· 극도의 불안 상태에서는 그 상황을 잠시 중단하고 신체를 움직이는 활동, 큰 소리로 노래를 부르거나 신나는 음악에 춤을 추는 등의 활동도 도움이 된다.

각성 단계

내 능력에 비해 너무 어려운 과제를 만났을 때는 걱정과 불안 상태에 있게 되지만, 어려운 과제를 어느 정도 수행할 수 있는 기술(능숙도)이 있을 때는 불안이 아닌 '각성' 상태가 된다. 이를테면 위에 예를 든 운동이라곤 몰랐던 화가가 피나는 노력으로 장기간 육상 훈련을 받다 보니 육상 기술을 알게 되고 연습할 수 있게 되었다고 하자. 육상에 대해 아무것도 모를 때보다는 조금 덜 막막하다 보니 위 단계처럼 마음이 극도로 불안한 것은 아니지만, 계속 신경을 써서 노력해야 과제를 완수할 수 있는 상태이기 때문에 계속 각성된 상태로 노력하게 된다. 이 화가는 불안 단계에서 각성 단계로 진입한 것이다.

주의 깊게 봐야할 점은 능률을 올리고자 하는 사람에게 '각성' 상태는 아주 좋은 시작점이라는 것이다. 약간만 더 능숙도가 올라가면 '몰입' 단계에 이를 수 있기 때문이다. 또 몰입 상태가 아니더라도 각성, 이완, 통제 상태도 충분히 능률이 좋은 상태이다.

기술 능숙도가 좋아지는 데에 과연 음악이 쓸모 있을까? 있을 수 있다. 무엇이든 기술은 좋아지는데 많은 연습과 반복 훈련이 필요하다. 다만 피자 박스를 접는 일이라도 많은 연습을 한 사람은 그 속도와 정확도에서 차이가 난다. 기술 능숙도가 좋은 것이다. 이런 단순 노동과 반복 훈련은 지루하고 때론 고통을 수반한다. 근육량이 절대적으로 적은 한 화가가 육상 훈련을 그렇게 했다면 분명 온몸에 근육통이 있어서 움직일 때마다 아팠던 나날들이 있었을 것이다. 근육통이 있는 허벅지를 힘겹게 움직이며 달리기 연습을 하는 그 시간은 꽤 견디기 어려웠을 것이다.

이런 기술 연습의 시간에 음악의 관성 효과를 이용하면 좋다. 신나는 음악을 틀어놓고 운동하거나 연습을 하면 수반되는 고통이나 지루함을 훨씬 경감시키고 더 오랜 시간 연습이 가능할 것이다. 헬스장마다 신나고 타격감 있는 음악이 크게 틀어져 있는 데에는 이유가 있다. 이 부분은 신체 운동능력 향상하기 챕터에서 더 자세히 알아보도록 하자.

아슬아슬하게 해낼 수 있는 일 능률 올리기
· 기술 능숙도를 올리기 위해 긴 시간을 투자하고,
그 지루한 연습·공부 시간 동안 음악의 관성 효과를 이용하라.[13]

백색 소음

백색 소음[14]이 집중에 도움이 된다는 말을 들어본 적이 있는가? 그래서 고요한 독서실에서보다 카페에서 공부하는 것이 더 집중이 잘 된다는 사람도 있다. 백색 소음이 무엇인지 모르는 사람도 많을 것이다. TV나 라디오에 나오는 지속적인 소음이 가장 대표적인 예이다. 라디오의 지직대는 소음은 일정하게 지속적으로 나기 때문에 사람이 듣기에 다소 인공적인 느낌이 든다. 그래서 오랜 시간 듣기에 불편할 수 있다. 하지만 동일하게 백색소음에 해당되는 자연의 소리도 있다. 파도 소리나 강물 소리, 숲의 나뭇잎이 서로 부딪히는 바람소리, 빗소리 등의 '솨-' 하는 소리도 부드럽게 울려 퍼지는 백색 소음에 해당한다. 라디오 소음과 주파수상으로는 비슷한 형태이지만 매일매일 들어도 질리지 않는 소리이다.

이런 소리는 앞서 살펴본 알파파(인간의 뇌파 중 휴식할 때 나타나는 뇌

---

13 95페이지

14 백색소음: 라디오에서 들을 수 있는 지직거리는 소리와 같이 모든 주파수를 포함한 소리. 주로 높고 일정한 소리이다. (실험 심리학 용어사전, 2008)

파 형태)를 촉진시킨다. 따라서 심리적 안정을 불러오고 수면을 도와주는 효과가 있다. 특히 자연에서 들리는 소리는 비슷한 소리가 규칙적으로, 때로는 불규칙적으로 울리기 때문에 뇌파를 안정시키는데 훨씬 탁월하다.

그러므로 사람들이 빗소리와 파도소리 등의 백색 소음을 들으면서 공부를 하는 이유는 어려운 공부에 방해가 되지 않으면서 과제 난이도를 살짝 올려주는 효과와 백색소음이 주는 심리적 안정감 때문이라고 보는 것이 가장 타당할 것이다. 공부로 인해 생긴 목과 어깨의 긴장감과 또 그로 인해 생기는 두통 등이 이완되면서 훨씬 공부를 하기 더 편한 몸 상태가 유도될 수 있다.

이를테면 공부로 인한 스트레스와 불안감이 높은 사람이거나 시험날이나 마감날에 맞춰 주어진 일을 하다 보니 긴장감이 너무 높아진 사람들에게는 이런 긴장감 이완과 심리적 안정감이 오히려 과제 수행에 도움이 될 수 있다. 그런 경우, 위에서 알아본 긴장감 이완 음악과 동일한 기준으로 음악을 선택하면 될 것이다. 다음 장의 예시 플레이리스트들로 공부를 해 보고 어떤 음악이 맞는지 적용해 보는 것도 좋다.

이때 몰두해야 하는 과제가 어려울수록 음악은 단순하고 느려야 하며 과제가 쉬울수록 음악이 더 복잡하고 빨라야 효과가 좋다.

③ 과제가 어려울수록 음악은 단순하고 느려야 하며,
과제가 쉬울수록 음악이 더 복잡하고 빨라야 효과가 좋다.

적용하기

과제 쉬움(조용하고 단순한 음악) ⟷ 과제 어려움(크고 복잡한 음악)

과제 上		과제 中		과제 下	
음악 1단계	음악 2단계	음악 1단계	음악 2단계	음악 1단계	음악 2단계
자연적인 백색 소음 (심리 안정, 수면 효과도 기대 가능)	명확한 선율 없음. 분위기 위주 진행	명확한 선율, 부드러운 음악	보컬이 있는 음악, 부드럽고 단순한 음악	타악기가 있지만 부드러운 음악	리듬이 다소 복잡하나 전체적으로 강렬하지 않은 음악

QR코드를 휴대폰으로 찍어 음악을 들어보세요

일이나 공부 등 집중력 향상이 필요한 상황에서 위 플레이리스트들을 사용해 보고 어떤 플레이리스트가 가장 본인과 잘 맞는지 테스트해 보길 바란다. 또 과제의 성격에 따라 맞는 플레이리스트가 다를 것이다. 플레이리스트들을 들어보고 이와 비슷한 음악을 가지고 자신만의 플레이리스트를 만들어 활용해도 좋다.

'과제 쉬움'이라는 말은 지적 능력과 인지 능력을 많이 쓰지 않아도 되는 일이다. '과제 어려움'이라는 말은 지적 능력을 많이 요하는 과제를 말한다. 왼쪽으로 갈수록 부드럽고 존재감이 덜한 음악, 오른쪽으로 갈수록 존재감이 큰 음악이다.

제시된 플레이리스트 중 하나를 선택하여 들으면서 과제를 수행하는데 음악이 신경에 거슬린다는 느낌이 들면, 그보다 왼쪽에 있는 플레이리스트로 바꾸어 보라. 음악이 너무 지루하거나 늘어져서 오히려 집중력이 흐트러진다 싶으면 그보다 오른쪽에 있는 플레이리스트로 바꾸어 보라.

이때 집중력 강화 효과가 있는지를 판단할 때는 음악이 내 마음에 드는가 보다는 과제에 정말 집중이 되는지가 가장 중요한 기준이다.

음악으로 집중력·능률 올리기

① 음악을 들으면서 과제를 수행하면, 음악의 지속성과 몰입감 때문에 집중력이 길어지고 강화된다.

② 음악 이외의 소음들이 무시되면서, 소음 가운데서도 집중할 수 있게 된다.

③ 과제가 어려울수록 음악은 단순하고 느려야 하며, 과제가 쉬울수록 음악이 더 복잡하고 빨라야 효과가 좋다. (플로우 이론)

④ 백색 소음은 심리적 안정을 불러오고 수면을 도와주는 효과가 있다. 집중을 방해하는 요소가 과도한 긴장감일 경우, 이완을 위해 사용할 수 있다.

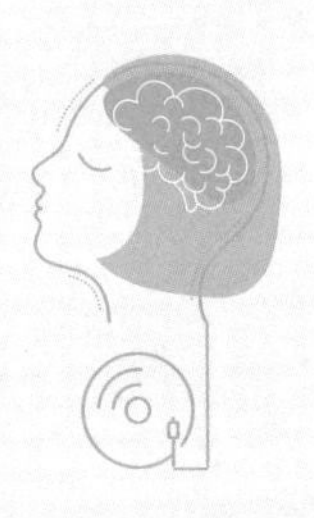

지금 이 순간 우리 몸의 상태,
그리고 마음의 상태에만
온전히 귀를 기울여본 적이 있는가?

마법III.
나의 상태를 인지하기

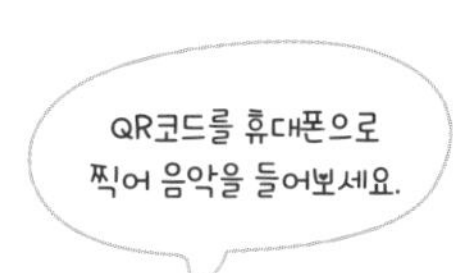

명상 음악 플레이리스트

명상 음악(Meditation Music)이라는 음악 종류가 있다. 명상이나 요가를 할 때 틀어 놓는 음악인데 전체적으로 굉장히 느리다. 여유 있다 못해 지루할 정도로 부드럽고 느리게 흘러가며 우리의 관심을 잡아끌만한 두드러지는 요소가 딱히 없다.

앞서 집중력 강화 음악에서 음악 2단계로 소개한 플레이리스트가 바로 그것이다. 자연의 소리가 주를 이루는 백색 소음보다는 음악적인 요소가 많지만 그렇다고 강력하게 우리의 신경을 잡아당기지는 않는다.

그렇다 보니 평소에 재미로 듣기에는 다소 지루하고 어려운 감이 있는 음악이다. 긴장감 이완이나 복잡한 일을 하면서 들을 때 효과적인 음악이다.

왜 사람들은 명상이나 요가를 할 때 음악을 들으면서 할까? 이와 같은 음악을 또 들을 수 있는 곳은 스파와 바디 마사지숍이다. 바디 마사지를 받는 곳은 몽글몽글하고 부드러운 음악이 계속 깔리면서 마사지를 받고 있는 고객이 몸뿐만 아니라 심적으로 편안함을 얻을 수 있게 도와준다. 마음이 여유로워지면 움추리거나 힘을 주고 있던 근육에도 힘이 풀어지기 때문에 마사지 효과도 좋다.

흥미로운 점은 한국의 피부관리숍들은 대체로 피부관리를 빠르고 정확하게 해주길 원하는 고객의 니즈에 의해 다소 빠르게 움직이는 경향이 있다는 것이다. 휴양지나 해외에 있는 피부관리숍이나 스파들을 방문해보면 음악도 느리고 관리사들의 움직임도 느린 경우가 많다. 음악, 온도, 마사지 모든 요소들이 합쳐서 평화로운 마음 상태를 갖게 해 주고 고객의 긴장감을 이완시키기 위해서이다.

명상도 어떤 의미로는 현실에서 벗어나기 위한 노력이다. 현실에서 받는 무수한 심리적 고통과 고민들로부터 해방되고자 하는 활동이다. 고뇌가 없는 순수한 마음으로 돌아가고자 하는 것이다. 명상은 주로 조용히 앉아 생각을 비우고 '초월(transcendence)'이라는 해탈의 경지에 이르는 데에 목표가 있는데, 불교의 명상은 특히 초월, 열반의 경지에 이르는 것이 목적이다. 불교에서 크게 영향을 받은 명상과 달리 요가의 기원은 인도에서부터 흘러나왔지만 이 역시 비슷한 맥락을 갖고 있다. 요가 역시 마음의 동요를 없애고 평안을 찾으려는 활동이다.

과학적으로는 명상은 어떤 의미일까? '초월'이라는 깊은 명상 중에는 세타파라는 뇌파가 활성화된다. 깊은 수면은 아니지만 수면과 비슷한 상태에서 나타나는 뇌파이다.

명상의 과정을 뇌파로 해석해보면 이렇다. 먼저 명상을 위해 눈을 감는다. 보통 눈을 뜨고 있을 때에는 베타파라는 뇌파가 나타나는데 이 뇌파는 사고나 인지 활동을 할 때, 활성화되는 뇌파이다. 눈을 감고 휴식을 하면 알파파가 나타나기 시작하고 휴식이 깊어질수록 알파파가 점점 증가하게 된다.

명상을 시작한 후 시간이 지나면 알파파가 커지는 만큼 세타파도 증가한다. 어느 정도 명상이 깊어지면 세타파가 알파파보다 많아지며 지배적으로 나타나게 된다. 세타파가 지배적인 상태가 바로 명상자가 들어가고자 하는 깊은 명상의 상태이다.

이런 깊은 명상 상태인 세타파 상태는 사실 음악 없이도 명상 훈련을 통해 얼마든지 도달할 수 있다.[35] 실제 명상 음악이 명상에 도움이 되는지를 연구한 논문이 있었는데 뇌파 측정 기구인 EGG 장치를 이용하여 음악 없이 명상했을 경우와 음악을 틀고 명상했을 경우를 비교했다. 그 결과로 음악이 없는 경우에도 충분히 명상이 가능하고 오히려 깊은 세타파 명상으로 들어가는 데에는 음악이 불필요한 것으로 나왔다.

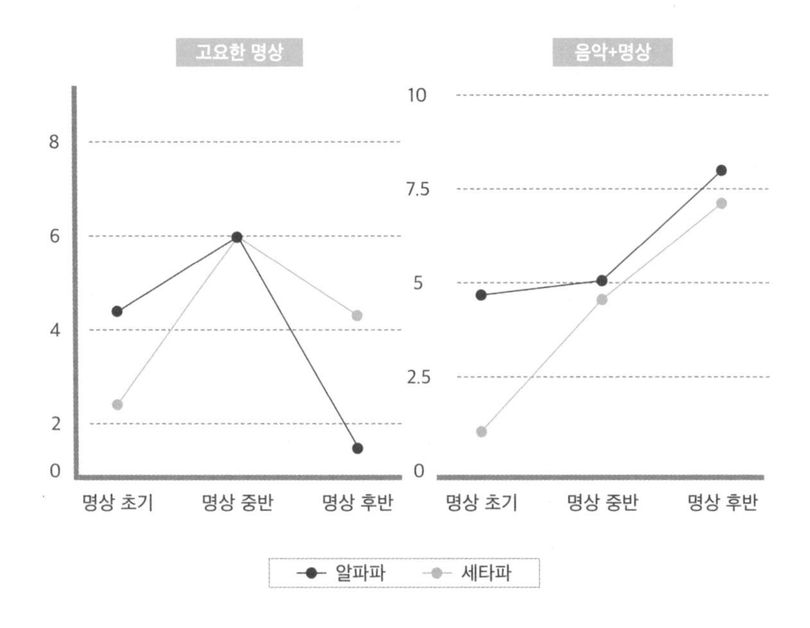

명상 음악의 효과 검증을 위한 뇌파특성 분석 그래프

이 실험은 꽤 특이한 결과를 보여주었다.[15] 왼쪽 그래프는 음악 없이 명상했을 때의 그래프이고 오른쪽은 음악을 들으며 명상했을 때의 그래프이다. 한눈에 봐도 아주 다른 양상을 보이지 않는가?

명상의 단계는 왼쪽 그래프처럼 알파파가 어느 정도 고조되다가 어느 순간 알파파가 떨어지고 세타파가 압도적으로 지배하게 된다. 하지만 음악을 들으며 명상을 한 경우, 알파파가 어느 순간 세타파보다 줄어들어

---

15 위 실험에서는 좌뇌와 우뇌를 비교하여 결과 그래프가 나왔지만, 보기 쉽게 하기 위하여 우뇌 수치만 사용하여 그래프로 만들었다.

야 하는데 아무리 오래 지속해도 줄어들지 않고 끊임없이 증가했다. 오른쪽 그래프에서 알 수 있듯이 알파파도 세타파도 음악이 없을 때보다 훨씬 빠른 속도로 증가한 것은 사실이지만 세타파가 알파파보다 지배적인 모습은 볼 수 없었다.

다른 말로는 음악을 틀고 명상한 사람들은 알파파가 끊임없이 증가한 것으로 보아 깊은 휴식은 취했으나 거의 수면과 비슷한 깊은 세타파 명상의 상태에는 들어가지 못한 것이다.

음악의 효과는 알파파 증폭인 것이다. 알파파 증폭으로 인해 휴식, 긴장감 이완에 도움이 되는 것이다. 하지만 수면에 도움이 되는지는 사람마다 제각각이다.

앞서 공부할 때, 듣는 집중력 음악을 이야기할 때, 음악은 서사시라는 말을 했다. 아무리 부드럽고 느리게 흘러가는 음악이지만 조금 긴장감이 생겼다가 다시 풀어지는 식의 밀도조절을 반복하며 만들어지는 것이 음악이다 보니, 음악은 음악이 틀어져 있는 시간 동안 듣는 이의 신경과 정신을 어느 정도 사로잡는다. 따라서 명상 수련에 익숙하지 않은 초심자들은 여러 생각으로 산만해지는 것을 줄이기 위해 명상 초기에 음악을 사용하여 알파파 증폭의 효과도 볼 수 있다. 반면에 명상 숙련자들은 음악이 그 시간을 주도하도록 하지 않고 음악 없이 진정한 깊은 명상으로 들어가는 것이 더 쉬운 방법일 수 있다.

불교에서 유래되었지만 요즘은 아메리카 대륙이나 유럽에서 아주 흔하게 사용되는 것이 명상이다. 특히 명상의 종류 중에 마음챙김(mindfulness)라는 명상의 종류는 스트레스, 불안, 통증 등에 효과가 있어서 소위 선진국이라고 하는 발달된 도시 환경에서 스트레스에 둘러싸여 사는 도시인들에게 널리 알려지고 있다.

그렇다면 이 책에서 말하는 '나의 상태를 인지한다'는 말은 무슨 뜻일까? 우리가 평소 스스로의 상태를 인지조차 하지 못하고 있다는 뜻일까? 우리는 과연 우리의 상태를 얼마나 잘 인지하고 있는 것일까? 지금 이 순간 우리 몸의 상태, 그리고 마음의 상태에만 온전히 귀를 기울여본 적이 있는가? 지금부터 다음의 내용을 한번 따라해 보자.

① 호흡을 들이마십니다.
② 호흡을 내쉽니다.
③ 다시 호흡을 들이마십니다.
④ 다시 내쉽니다.
⑤ 한동안 눈을 감고 일정하게, 또 천천히 호흡을 들이마시고 내쉬도록 합니다.
⑥ 호흡을 일정하게 계속해 나가며, 차분하게 주위에 어떤 소리가 들리는지 들어봅니다. 멀리 차 지나가는 소리, 비 오는 소리, 새가 지저귀는 소리, 사람들의 말소리 등, 그 전에는 못 느꼈던 작은 소리들을 들어봅니다. 그리고 스스로의 숨소리도 들어봅니다.
⑦ 앉아 있다면, 의자나 소파에 몸이 닿는 부위가 어디인지, 그 닿는 느낌은 어떤지에 집중해 봅니다. 어떤 느낌입니까?
(※ 혹시 자세가 불편한 곳이 있다면 편하게 움직인 후 다시 감각을 느

껴봅니다. 지금 앉아 있는 의자나 소파의 느낌은 차갑습니까? 따뜻합니까? 딱딱하게 느껴집니까?)

⑧ 바닥에 발을 대고 있다면, 발바닥이 바닥에 닿는 부위의 감각을 느껴봅니다. 신발을 신고 있다면 신발 표면에 닿는 발의 느낌은 어떤 느낌입니까?

⑨ 다시 호흡에 집중합니다. 크게 숨을 들이마십니다. 공기가 몸으로 들어가는 느낌에 집중해 봅니다. 목을 타고, 몸속으로 공기가 들어가는 느낌은 어떻습니까? 다시 공기가 밖으로 나올 때의 느낌은 어떻습니까?

위 내용을 해 보니 어떤 느낌인가? 이것이 간단하게 해볼 수 있는 마음챙김(Mindfulness) 명상이다. 살면서 하루에 몇 번씩 어딘가의 의자에 앉지만 의자에 앉는 부위의 느낌을 인지하고 사는 사람은 별로 없다. 아프거나 고통스럽지 않은 다음에야 늘 땅을 밟고 다니지만 발바닥의 느낌을 인지하고 사는 사람도 별로 없다. 살아있는 모든 순간 호흡할 때에도 공기가 우리 몸속 기도를 통해 들어와 폐로 들어오고 그로 인해 배 근육과 가슴 근육이 수시로 오르락내리락 움직이고 있지만 우리는 보통 그런 수많은 근육들의 움직임들을 인지하고 살지 않는다. 결론적으로 보통의 사람들은 자기 상태를 인지하면서 살지 않는다.

이런 활동을 하면 몸의 느낌이 전체적으로 편안해지거나 나른해지기도 하고, 어떤 이들은 정신이 몽롱했다가 더 또렷해지기도 한다. 마음챙김 명상은 별거 아닌 것 같지만 스트레스 해소와 불안감 해소에 아주 좋은 훈련이고 스트레스에 늘 둘러싸여 사는 도시인들에게는 삶을 완전히 다르게 변화시켜줄 수 있는 게임 체인저(Game-changer)가 될 수도 있다. 우울증이나 불안 장애로 고통받는 사람들에게 심리상담사가 가장 많이 추천하는 활동 중 하나이기도 하다. 단 시간에 평화와 안정을 찾는 치트키 같은 활동이기 때문이다.

음악은 불교적 깊은 명상 뿐만 아니라 마음챙김 명상도 쉽게 할 수 있도록 도와줄 수 있다. 많은 명상과 요가 종류에서 음악을 차용하지만 그 중 음악과 가장 잘 맞는 것은 마음챙김 명상일 것이다. 마음챙김 명상은 앞서 말한 세타파가 지배적으로 발생되는 깊은 명상의 단계까지 가라고 요구하지 않기 때문이다. 상황에 따라 어떨 때는 눈을 감지 않고 자유롭게 뜬 상태로 해도 무방하다. 일반 불교명상과는 추구하는 목적이 다르기 때문이다.

불교 명상의 목적은 열반에 오르도록 수련하는 것이지만 일반인들은 굳이 열반에 오를 필요가 없다. 단지 생각들로부터 멀어지고 지금 현재 나의 상태를 인지하고 그 감각들에 집중함으로써 복잡한 고뇌로 피곤해져 있는 정신을 고요하게 만드는 데에 목적이 있다. 음악이 이 과정을 함께 시작해 줄 수 있다.

설명을 시작하기에 앞서 이 연습은 음악 없이도 가능하다는 점을 알리고 싶다. 조용하게 가만히 소파에 앉아서도 충분히 가능하다. 언제 어디서나 가능하다는 점이 마음챙김 명상의 좋은 점이기도 하다.

하지만 조용히 가만히 얼마간 앉아있었더니 스마트폰이 어디에 있는지 혹은 알림이 오지는 않았는지 확인하고 싶어 견딜 수 없다면 음악의 도움을 받아 시작하면 좋다.

현대 사회는 시끄럽고 바쁘다. 조용히 앉아있는 것이 별것 아닌 것처럼 보이지만 모든 것이 우리의 관심을 원하고 소리를 내기 때문에 많은 사람들이 어려워한다. 이런 방해로부터 자유롭기 어려운 사람은 휴대폰의 '비행기모드'나 '무음모드'로 설정하고 음악을 틀어 음악과 내 몸 상태에 모든 신경을 집중하면 도움이 될 것이다.

적용하기

1. 얼마나 길게 할지, 명상 시간을 정해 놓는다.

시간을 정해 놓지 않으면 의외로 마음 놓고 깊이 마음 챙김 명상에 몰두하기가 더 어렵다. 너무 오래 하고 있는 것은 아닌지, 이후 일정이나 해야할 일들이 머릿속 한 켠에 계속 남아 방해하기 때문이다.

시간을 정해 놓고 그 시간에는 아무 일도 하지 않아도 된다고 스스로 선언하라. 처음에는 짧게는 5분도 좋고, 점차 10분, 15분 늘려가는 것을 추천한다.

2. 의자나 편안한 곳에 앉아 눈을 감는다.

어떤 자세이든 상관없다. 다만 오랜 시간 있어도 괜찮을만한 자세면 된다. 꼭 의자나 소파가 아니라 바닥에 방석을 깔고 앉아서 해도 괜찮다. 책상다리(아빠다리)나 무릎 꿇은 자세도 오랜 시간 저린 느낌 없이 있을 수만 있다면 괜찮다. 하지만 힘든 자세는 추천하지 않는다. 해당 자세를 취했을 때, 몸이 전체적으로 편안한 느낌인 것이 중요하다.

3. 몸 곳곳의 감각을 인지해 본다.

몸 전체를 한꺼번에 인지하려고 하면 막막하고 어렵다. 부위별로 시간을 가지고 집중해 보는 것이 좋다. 발의 느낌을 먼저 생각해 보라. 발가락의 감각은 어떠한가? 발바닥은 어떤가? 발목과 발을 연결하는 아킬레스건도 한번 움직여보고 감각을 느껴보라. 충분히 느껴 보았으면 그 다음 무릎, 허벅지, 배, 허리, 등, 어깨, 목, 얼굴, 눈썹, 정수리… 차례차례 한 부분씩 천천히 느껴보라.

4. 호흡에 집중해 봅니다. 천천히 들이마시고 내쉰다.

공기가 코나 입을 통해 몸속으로 들어가는 길을 느껴보라. 공기가 어디로 들어가서 어디로 나오는지 느끼면서 깊게 천천히 호흡하라. 얕은 호흡이 아닌 깊은 호흡을 해 보고 공기가 얼마나 깊숙이 도달하는지 느껴보라.

5. 명상을 시작한 후 다른 생각이 들 수 있다.

명상을 처음 시작할 때는 더더욱 원치 않는 잡다한 여러 생각이 빨리 찾아온다. 눈을 감고 발가락의 감각을 느껴보려고 집중하다가 보면 전혀 관련 없는 생각이 슥 머릿속에 들어오는 일은 흔하게 있다. 걱정하거나 자책할 필요 없다. 그 순간 4번에 했던 '호흡에 집중하기'를 해보라. 생각에 빠졌다는 걸 깨달은 순간에 스스로 나무라지 말고 간단히 다시 호흡으로 집중을 옮기라. 간단히 생각에서 빠져나올 수 있다.

잘 되는 사람이 있고 어려운 사람이 있을 것이다. 초기에는 조용히 집중하기 어려워하는 사람들도 종종 있다. 하지만 잘 되는 사람들은 신선한 인지 경험을 하게 되었을 것이다. 내 몸의 부위들이 이런 느낌이었구나, 또는 문득 편안해진 몸과 마음 상태에 기분이 환기되었을 수도 있다.

자꾸 스마트폰이나 메신저 앱이 궁금해지는가? 그렇다면 음악의 힘을 빌리자. 앞서 본 것과 같은 명상 음악 플레이리스트의 QR코드이다. 플레이리스트의 음악을 들으며 마음챙김 명상을 해 보길 바란다.

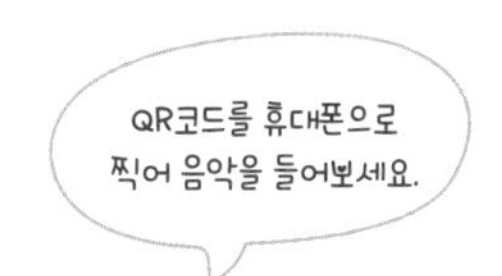

집중력 강화 플레이리스트 2
- 과제, 음악 2단계

음악을 사용할 때 주의할 점은 음악이 너무 크지 않도록 음량 조절을 하는 것이다. 작고 은은하게 틀어 놓는 것이 좋다. 청각적으로 너무 큰 자극이 들어오면 몸의 감각을 섬세하게 인지하기 어렵다. 크지 않고 작게 배경에 깔리듯이 들으며 하는 것을 추천한다.

이 연습이 숙달되면 밖에서도 이런 음악을 재생할 때, 감각 인지의 세계로 금방 들어올 수 있다. 음악과 이 연습을 연결시켜서 할 경우, 늘 이런 음악을 들으면서 한다면 음악만 들어도 마음챙김 명상의 상태로 더 자연스럽게 들어갈 수 있게 된다. 그리고 마음 챙김 명상의 시간 자체가 익숙해지고 숙달되면 궁극적으로는 음악 없이 시도해보길 바란다. 음악이 없다고 해서 모든 소리가 없어져 고요해지는 것은 아니다. 그동안 듣지 못했던 모든 소리들이 더 크게 살아난다.

비가 오는 날이면 빗소리, 바깥에 있는 가로수 나뭇잎이 바람에 흔들리는 소리, 새소리, 사람들 발자국 소리, 멀리서 지나가는 자동차, 오토바이, 트럭 소리, 전등을 울리는 전기 소리, 시계 소리 등 다양한 소리를 들을 수 있다. 그러한 소리들을 들으면서 마음챙김 명상을 진행한다면 더욱 다채로운 마음챙김 명상이 완성된다.

함께 살펴보았듯이 최면치료의 도구들인 1)긴장감 이완 유도 2)어딘가에 깊이 몰두하기 3)일정한 곳에 집중하며 나의 상태를 더 잘 인지하기는 모두 음악으로 가능하다. 요즘 서양권에서는 스스로에게 최면치료를 하는 셀프 최면치료를 가르치고 셀프 최면치료를 도와주는 영상이나 오디오 형태의 앱 상품도 나오기 시작했다.

하지만 전문기술이 필요한 최면치료를 공부하는 것보다 우리에게 가까운 음악을 사용하는 것이 훨씬 쉽고 편리하고 자연스러운 기분 관리법이 될 것이다. 무엇보다 인위적이지 않고 자연스럽게 생활 속에 습관으로 녹아들게 한다면 삶 전체가 윤택해지는 효과를 누릴 수 있다.

갑자기 스트레스를 많이 받았거나 하루 종일 긴장도와 피로가 높았던 날은 사무실 책상 앞에 앉아서 마음챙김 명상을 해보는 것도 좋다. 출퇴근길에 이어폰만 있다면 이 책에 제시된 플레이리스트들이나 개인적으로 이와 비슷한 음악을 모아 만든 자신만의 플레이리스트들을 사용하여 긴장감을 이완시키는 것이 바로 음악치료이다. 음악치료는 생각보다 가까운 곳에서 만날 수 있고 삶의 곳곳에서 수시로 사용할 수 있는 아주 편리한 도구이다.

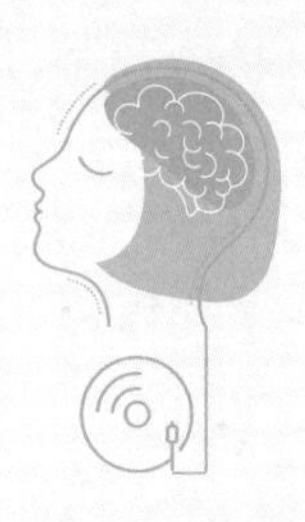

예술이란
언어체계를 건너뛰고
창작자의 뇌에서 관객의 뇌로 연결되는
신비한 소통의 세계인 것이다.

마법IV. 음악으로 분위기 형성하기

분위기 형성

일상 속의 음악은 이제 특정한 예술 분야가 아니라 우리의 삶 모든 곳에 존재한다.[10] 그러므로 우리가 음악을 대하는 자세와 이해도 달라질 필요가 있다.

역사적으로 어떻게 음악의 역할이 변화해왔는가를 살펴보면 흥미롭다. 한때 예술로서 음악 스스로가 주인공이 되었던 시절이 있었고, 이제는 음악을 사용하여 과학적으로 기업 경영을 하고 음악을 사용하여 사람들을 달래고 훈육하고 유도하는 등 일, 소비행태, 효율성, 공간 디자인, 인간관계 개선과 같은 다양한 사회 분야에서 도구로써 더 많이 사용된다.

현대 사회에서의 음악은 실용적인 아이템이다. 클래식과 실용음악을 나누는 가장 큰 구분이 바로 이것이다. 현대음악이나 클래식은 예술로 존재하고 음악 자체가 관심을 받는 주체이다. 이런 음악을 순수 음악이라고 한다. 그리고 어떤 목적을 위해 또는 금전적인 이익을 위해 만들어지고 실용적으로 사용되는 음악을 실용 음악이라 한다. 대중음악이 여기에 포함된다.

쇼핑을 할 때도 헬스장에서 운동을 할 때도 친구와 밥을 먹으러 나갈 때도 커피를 마실 때도 우리가 엘리베이터는 탈 때마저도 우리는 음악을 듣는다. 하지만 이 모든 음악들에는 감추어진 실용적인 용도가 있다는 것을 알고 있는가?

> "(우리 음악의) 목적은 노동자들의 기분을 더 좋아지게 하는 데에 있습니다. 왜냐하면 기분이 좋은 노동자는 더 일을 잘할 확률이 높기 때문이죠. 단순히 그겁니다."

1979년에 뮤작(Muzak)이라는 회사의 회장이 한 말이다. '백그라운드 음악', 소위 '배경음악'이라는 용어는 뮤작이라는 회사에 의해 1934년경 생긴 이름이다. 당시 제 2차 세계대전 중이었는데, 이 시기에 아주 중요했던 부분 중 하나는 모든 물자가 떨어지지 않도록 산업 생산량이 전보다 훨씬 증가해야만 했다는 것이다.

생산량을 급격히 늘려야 하던 1940년대에 뮤작이라는 회사는 엄청나게 흥했다. 이 회사가 했던 일은 단 한 가지, 노동자들의 기분을 더 즐겁게 해줌으로써 그들이 더 생산적이고 능률있게 일하게 했다는 것뿐이다. 단순히 노동자들의 기분이 좋아지는 일이었다면 뮤작이라는 회사는 번창하지 못했을 것이다. 물자 생산하기도 바쁜데 노동자들의 기분까지 과연 기업들이 신경을 썼을까?

하지만 기업들은 너나 나나 뮤작에 비용을 지불하기 시작했다. 기분이 좋고 즐겁게 일하는 노동자들은 곧 높은 생산력을 뜻하는 것이었기 때문이다. 과연 무엇을 했기에 노동자들의 기분이 더 좋아지고 더 생산적이게 된 걸까?

뮤작이 제공한 서비스는 다른 것이 아니다. 계속되는 근무시간 중 지칠 때 쯤에 '자극 격려시간(Stimulus Progression)'이라는 시간을 마련하여 15분간 배경음악을 제공했다. 앞으로 전진하고 나아가는 느낌이 드는 밝고 명랑한 분위기의 음악을 15분 동안 틀어 주기만 했을 뿐인데 노동자들은 훨씬 더 많은 양의 일을 해냈다. 당시 뮤작의 음악을 들은 사람은 하루에 8천만 명이었으며 20개국 이상의 나라들로 퍼져나가 무수히 사용되었다.[36]

근무자들이 더 일을 열심히 하길 바라는 많은 사장님들이라면 그들이 도대체 어떤 음악을 들었을지 궁금하지 않을 수 없을 것이다. 그들의 음악 프로그램에는 몇 가지 기준이 있었다.

첫째, 뮤작의 모든 곡들은 사람들이 잘 알만한 대중적인 노래, 클래식, 가벼운 댄스음악 등을 재료로 삼았다.[36] 그리고 늘어지는 부분 없이 시작부터 끝까지 타이트하게 재편곡했다. 천천히 느리게 연주되는 부분은 건너뛰거나 빠르게 편곡하여 신나고 들뜨는 느낌으로 끊임없이 연주해 넣었다는 뜻이다.

또 정신을 산만하게 할 소지가 있는 독특한 리듬이나 멜로디, 화음들은 다 제거했다. 원곡에 있는 요소이더라도 복잡하다 싶은 요소는 다 빼고 새로 편곡했다. 원곡에는 어느 부분에서 극적으로 음량과 속도가 커지거나 빨라지는 부분이 있었더라도 뮤작은 다 부드럽게 처리했다. 갑자기 전조가 되거나 불협화음이 들어있는 부분들은 모두 제거했다. 혹여 잠깐이라도 듣는 사람들이 놀라거나 이 기분 좋은 느낌으로부터 깨어지게 할만한 요소들을 모두 제거한 셈이다. 즉흥연주도 아주 제한하거나 다 빼버렸다.

앞서 살펴본 집중력 강화음악과 기준이 꽤 비슷하다는 점을 알 수 있다. 단순히 음악의 관점에서 봤을 때에는 누가 연주를 틀려서 깜짝 놀라는 것이 아닌 다음에야 음악을 듣다가 청자가 깜짝 놀라는 것은 사실 좋은 일이다. 기대하지 못한 요소, 이를테면 예상치 못하게 조성을 바꾸면서 키가 높아지는 등 분위기가 바뀌면 음악이 변하고 이전과 대비가 일어나기 때문에 음악이 더 흥미로워진다. 그래서 다양한 볼거리와 감동을 위해 현역 가수들이 출연해 노래 경연을 하는 TV 프로그램(나는 가수다, 불후의 명곡, 싱어게인 등)에서 자주 사용한다. 다른 참가자보다 더 흥미로운 인상을 주고, 전조[16]를 하면서 조를 위로 계속 올리면서 가수의 목소리가 끝없이 올라가게 하는 등 관객의 온 신경을 사로잡고자 사용하는 방법이다.

뮤작의 음악 집중력 강화 음악은 그 반대로 가야 했다. 사람들이 음악 그 자체에 신경을 집중하게 하면 안 됐다. 뮤작에게 음악은 실용적인 도구일 뿐이고 기분을 북돋워 주는 용도로 사용했을 뿐 작업이나 과제 자

---

16 전조 : 음악의 진행 중 한 조에서 다른 조로 조성이 바뀌는 것. 음악의 구성에서 각 부분 사이의 변화와 대비를 위해 가장 중요하게 다루어지는 분야이다. (김홍인 화성학, 2004, p.94)

체에 신경을 쓰도록 하는 것이 중요했다. 따라서 음악으로 시선을 끄는 모든 요소를 배제한 것이다.

그러나 흥미로운 현상이 생겼다. 이렇게 만들어진 뮤작의 음악이 매일 8천만 명이라는 엄청난 수의 '대중'들에게 들려지다 보니 이런 음악이 대중음악의 지표가 되어 이 당시 대중음악의 스타일을 새로 정의해버린 것이다. 인기를 얻기 위해 만든 음악이 아님에도 그 시대 대중음악이 뮤작의 프로그램처럼 하나둘씩 바뀌어가는 참 아이러니한 일이 생겼다.

'대중음악은 다 비슷비슷하다'라는 말을 들어본 적이 있는가? 이 시대의 뮤작은 대중음악 안에서도 더 규격화된 장르를 만들어버렸다. 자동차나 공장식으로 비슷한 구조와 비슷한 사운드의 곡들이 생산되기 시작했고 이 곡을 듣다가 저 곡을 들어도 비슷할 정도로 한 시대를 풍미했다. 이를테면 케이팝이라는 장르가 세계적으로까지 인기가 많고 한국 대중음악을 대표하게 되었지만 어느 정도 비슷한 구조와 사운드를 공유하는 것과 비슷한 모습이다.

뮤작은 실용적인 '목적을 위한 음악'을 개발했고 이 과정에서 의도치 않게 서양 대중음악에서 전반적으로 흥미로운 음악적 요소들이 많이 떨어져 나가게 되어 이후 음악학적으로 중요한 사건이 된다.

뮤작의 자극 격려음악이 어떤 음악이었는지 한번 들어보고 싶다면 아래의 QR코드에서 들어보기 바란다. 이 음악들은 특히 생산·노동직의 근무 향상을 위해 만들어진 곡들이니 실제로 노동직 근무지에서 근무하며 들어보는 것도 좋은 방법이다.

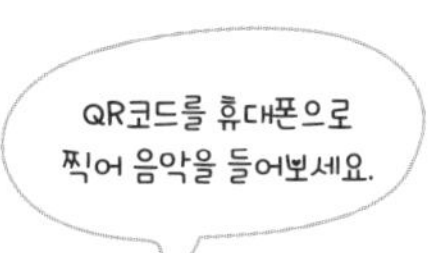

뮤작 생산직 노동자를 위한
자극 격려 음악

뮤작이라는 회사가 번영하고 한 시대의 대중음악의 기준을 만들었다는 것은 실로 놀라운 일이다. 그리고 음악으로 어떤 특정한 분위기를 형성하는 것이 노동자들의 생산량에 직접적인 영향을 주었다는 것을 명확하게 증명해 준다. 그리고 이렇게 의도적으로 만든 분위기로 인해 노동자의 기분이 좋아지면 생산성이 올라간다는 뮤작 회장의 말이 사실이었다는 증거인 셈이다.

각 나라마다 노동요가 있다는 것도 우연이 아니다. 지치고 고된 작업을 할 때, 음악으로 분위기를 형성하는 것이 큰 도움이 된다는 걸 인류는 예전부터 이미 알고 있었다.

뮤작은 노동 현장의 분위기만 형성한 것이 아니다. 뮤작을 말할 때 빼놓을 수 없는 또 한 가지가 바로 엘리베이터 음악이다. 엘리베이터 음악이라는 말은 영어권에서는 꽤 많이 쓰는 말이다. 밝은 분위기에 지루하지만 듣기 싫지 않은 경음악을 말한다. 고객센터에 전화를 걸었는데 대기가 많아 상담원을 기다리며 수화기를 들고 있을 때, 나오는 배경 음악과 비슷하다고 생각하면 된다.

고층 빌딩 숲이 처음 생겨날 당시에 엘리베이터가 발명되어 상용화될 때에는 지금처럼 엘리베이터가 당연한 것이 아니었다. 도시 사람들은 작은 상자갑 같은 곳에 들어가 있으면 고층으로 쭉 잡아당겨 올려 주는 엘리베이터를 달가워하지 않았다. 기본적으로 좁은 상자갑 같은 엘리베이터에 스스로 걸어 들어가는 것 자체가 불편한 개념이었다. 그래서 엘리베이터를 사용하는 사람들의 마음을 안심시키고 편하게 해주기 위해서 건물주들은 침착하고 편안한 음악을 엘리베이터에 틀기 시작했다. 그 후 지루하지만 듣기 싫지 않은 경음악을 엘리베이터 음악으로 통칭하게 되었다. 뮤작에서 이런 음악을 많이 만들어 팔았다 보니 엘리베이터 음악이라는 말 대신 뮤작이라는 말을 쓰기도 한다.

지금은 음악이 없어도 사람들이 알아서 엘리베이터에 앞다투어 먼저 들어간다. 엘리베이터에 대한 거부감이 줄어들었기 때문이다. 만약 뮤작의 엘리베이터 음악이 없었다거나 사람들이 끝까지 엘리베이터에 적응하지 못했다면 우리는 지금 엘리베이터가 아닌 다른 발명품을 이용하고 있을지도 모른다.

분위기 형성은 이렇게 중요하다. 분위기를 만든다는 행위는 사람들을 간접적으로 어떤 방향으로 유도하는 것과 같다. 음악에 따라 사람들은 같은 것에 대해서도 다른 태도와 다른 마음가짐을 갖게 된다. 긴장감 이완 음악에서 살펴본 것처럼 음악을 듣고 혈액 순환이 빨라지거나 느려지고 호흡 속도에 영향을 주는 등 생리학 적인 변화까지도 초래하는 힘이 있다.

매장용 음악

음악으로 분위기 유도를 하는 것이 다른 방법보다 월등하게 유용한 이유 중 하나는 유도 당하는 사람이 본인이 유도 당했다는 것을 인지하기 어렵다는 점이다. 누가 강제로 손님을 귀찮게 하지 않고도 자연스럽게 손님의 기분을 유도할 수 있다는 것이다. 간접적인 유도이다. 특정한 종류의 음악을 매장에 틀었을 때, 손님들이 더 오랜 시간 머무를 경향이 높고 또 다른 특정한 음악을 틀었을 때, 헬스장 손님들이 더 운동을 열심히 할 가능성이 높아질 수 있다.

하지만 간접적인 유도에 지나지 않는다. 듣는 이들의 태도와 기분이 변화할 가능성이 높아지는 것이지 세뇌처럼 강압적인 방식이 아니라는 면에서 또 최면치료와 비슷한 모습인 것이다. 아무리 음악이 노동자의 기분을 좋게 하더라도 노동자가 일할 마음이 없다면 음악이 있는 그 공간을 나가는 선택을 할 수도 있다.

길을 걷다가 어느 가게에 들어갔는데 음악이 안 들리는 경우는 이제 거의 없다. 구멍가게들마저도 무료함을 해소하고자 주인분이 틀어놓으신 라디오 소리라도 들리는 경우가 많다. 백화점, 마트, 사무용품점, 레스토랑, 카페 등 배경음악은 필수 요소가 되었다. 이쯤 되면 어느 미용실에 들어갔는데 음악이 없으면 이상하고 어색할 정도이다.

단지 어색해서 음악을 트시는 매장 주인분들도 계시지만 사실 매장용 음악은 통계적으로 판매량과 직접적인 영향이 있는 것으로 알려져 있다. 음악이 판매량에 미치는 영향에 대해서 많은 학자들이 연구해왔다. 이런 연구들을 모르는 일반 많은 주인들도 이런 점을 직감적으로 간파하고 각 사업장에 맞는 음악적 분위기를 형성하기 위해 음악 플레이리스트를 사용하는 경우가 많다.

하지만 점주들이 사업에 집중하기도 힘든 상황에서 딱 맞는 음악까지 골라 재생하는 것은 여간 어려운 일이 아니다. 게다가 이전에는 개인적으로 사용하는 음악 플랫폼을 사용해서 매장에 틀 수 있었지만 2018년에 개정된 저작권법이 시행됨에 따라 카페나 주점, 헬스장 등 일정 크기 이상의 매장에서 배경음악을 사용할 때는 공연권료를 납부해야 하는 법이 생겼다. 그래서 매장용 음악은 공연권료를 따로 지불해야 하는 상황이 된 것이다.

그래서 여러 가지 방법들이 생겨났지만 음악 유통 플랫폼인 멜론에서는 '비즈 멜론'이라는 매장 음악 서비스를 유료로 제공하기 시작했다. 비즈 멜론 웹사이트에 들어가 보면 유통·잡화, 패션·의류, 음식점, 카페, 의료기관 등 각 매장마다 다른 스타일의 음악을 모아 제공하는데 이런 점은 각 매장의 특성에 따라 다른 음악을 사용해야 한다는 음악의 실용적인 면을 잘 간파한 모습이라고 볼 수 있다. 함께 사업장의 판매량을 결정짓는 음악의 몇 가지 요소를 살펴보자.

음량

미국 워싱턴 대학에서 실제로 지역 상가들에 양해를 구하고 음악, 손님 수, 판매량, 손님의 반응 등을 대대적으로 수집해 진행한 현장 연구가 있었는데 연구 결과에 따르면 통계적으로 음악의 음량이 클 때, 소비자들이 매장 안에서 더 짧은 시간을 보낸다고 한다.[37] 그리고 음악의 음량이 작고 부드럽게 울려 퍼지면 매장 안에서 더 긴 시간을 보낸다고 한다. 하지만 음량의 차이는 소비자들이 매장에 머무르는 시간에만 확연한 영향을 끼쳤을 뿐 그것이 판매량과 직접적으로 연결이 있었다고 보기는 어려웠다고 한다. (여기에서 음량은 전제적인 스피커 볼륨이다. 신나는 댄스음악도 스피커 볼륨을 낮춰서 틀면 음량이 작은 것이다.)

그렇다면 매장의 성격에 따라 음악의 음량을 다르게 하는 것도 생각해 볼 일이다. 하나 사려고 왔다가 다른 것도 사서 나가는 형태의 매장들을 생각해 보자. 다양한 물건을 오랜 시간 구경하고, 이 물건도 예뻐서 집었다가 저 물건도 집었다가 하는 시간이 필요한 백화점, 소품숍, 팬시 문구점, 액세서리숍 등에서 음악이 엄청 크게 울려 퍼진다면 손님들은 충분히 둘러보고 한아름 계산대로 들고 오는 것이 아니라 무의식적으로 최대한 빨리 살 것만 사고 나가게 될 것이다. 만일 매장에 손님이 착석할 테이블이 별로 없어서 테이블 회전율이 높아야 할 경우는 음악의 음량을 조금 키워보는 것도 도움이 될 것이다. 작지만 매장 분위기 형성에 도움이 되는 일이다.

속도

매장 내 음악의 속도도 소비자 움직임에 영향을 미칠까? 빠른 음악을 틀 때와 느린 음악을 틀 때, 소비자에게는 어떤 영향이 있을까? 위와 같은 실험에서 빠른 음악을 들은 사람들은 음악을 통해 각성 효과가 있었다고 대답했고 느린 음악을 들은 사람들은 편안해지는 효과를 느꼈다고 말했다고 한다.

매장 이용 고객들을 조사한 결과 이용객들은 속도에 따라 신체적으로 다른 반응이 느껴졌다고 답했다. 빠른 음악을 들었을 때에는 심장 박동, 혈압, 호흡의 속도 등 생리적인 부분들에 변화가 있었으며 체감하는 시간 감각에 영향을 줬다는 결과도 있었다.[38] 같은 시간이라도 빠른 음악에 지속적으로 노출된 이용객들은 매장에서 긴 시간을 보냈다고 느꼈으며 느린 음악을 지속적으로 들었던 고객들은 짧은 시간처럼 느꼈다고 한다.[37]

따라서 이후에 다른 약속이 있어서 일정 시간 동안만 쇼핑을 해야겠다고 생각한 이용객이 있다면 빠른 음악을 들었을 때는 실제보다 긴 시간이 흘렀다고 느껴 쇼핑을 일찍 그만두고 서둘러 나가는 일이 생길 수 있는 것이다.

장조와 단조

조성(調性)이라는 말은 일반인들에게는 어렵게 들릴 수도 있지만 사실 학교 음악시간에 배웠던 말이다. 어떤 음을 기준으로 하여 한 옥타브 위 같은 음에 도달할 때까지 음들을 배열하는 것을 음계라고 한다. 쉽게 말하면 '도레미파솔라시(도)'이다. 세상에는 다양한 음계가 존재하는데 그

중 우리가 초등학교에서 배워서 더 익숙한 것들은 장음계와 단음계이다. '도레미파솔라시'는 장음계이고 장음계의 음들을 사용하여 곡을 만들면 기쁜 느낌이 드는 장조가 된다. 단음계를 사용하여 곡을 만들면 단조이며 슬픈 느낌의 음악이 만들어진다. '장조'와 '단조'가 조성보다 조금 더 익숙한 용어들일지도 모르겠다.

위에 살펴본 음량과 속도 그리고 여기에 조성까지 더해지면 매장용 음악이 소비자에게 어떤 영향을 미치는지 더 온전히 이해할 수 있다. 약 10년 전까지만 해도 많은 학자들이 음악의 음량과 속도만을 유효한 요소로 보고 집중적으로 연구했었는데 2011년에 들어와서야 한 경영학 실험가, 클레멘스 크노플레를 비롯한 세 명의 연구가들이 청자들의 행동에 영향을 주는 강력한 요소가 음계라는 것을 밝혀냈다.

사실 장조와 단조는 동서를 막론하고(특히 서양에서 더 오랫동안) 가장 많이 사용해 온 음계이다.[38] 그리고 우리는 은연중에 장조는 긍정적이고 단조는 부정적인 영향을 끼친다고 생각한다. 위에 말한 것처럼 장조는 사람을 기쁘게 하고 단조는 슬프게 한다고 말이다.

인간의 성장과정에서 보면 인간은 음악의 속도를 먼저 인지하고 그 후 조성이라는 개념을 인지하게 된다고 한다.[39] 아이들은 다섯 살 즈음까지는 음악을 듣고 곡의 속도에 따라 기뻐하기도 하고 슬퍼하기도 한다(또는 음악이 기쁜지 슬픈지 아직 이해하지 못하기도 한다). 그리고 여섯 살 즈음부터는 속도에 조성까지 함께 생각하여 음악이 기쁜지 슬픈지를 이해하기 시작한다.

조성은 듣는 사람들의 기분에 큰 영향을 준다. 장조 음악을 들은 사람들은 긍정적인 방향으로 기분이 변화되었고, 같은 음악을 단조로 연주한 음악을 들은 사람들은 부정적인 감정이 더 생겨났다는 연구 결과들은 아주 많다.[40] 그러니 장조의 음악을 들은 손님들과 단조의 음악을 들은 손님들은 기분 상태가 다를 수밖에 없다.

매장에 들어오는 소비자의 기분과 감정은 중요한 지표이다. 소비자가 매장에 들어와서 긍정적인 기분이 드는 경우에는 소비 행태에 직접적인 영향이 있기 때문이다.[41] 사실 물건 판매량에 가장 중요한 요소는 가격, 상품 위치, 다양성, 매장 퀄리티 등 시각적으로 눈에 띄는 것들이다. 하지만 마케팅 학자들은 시각적 요소들은 소비자가 전부터 사려고 예정했던 품목들에 한해 중요하게 여겨지는 지표라고 말한다.

소비자의 기분 상태는 소비자가 원래 쓰려고 예상한 돈보다 더 많이 쓸지 덜 쓰게 될 지를 결정한다.[41] 매장에 들어와서 느끼는 감정과 분위기가 신나거나 긍정적인 기분인 경우, 이용객은 더 적극적으로 점원들과 직접 이야기해 볼 생각도 하게 되고 매장 안에 머무는 시간도 길어지며 구매에 대한 욕구도 높아진다.

따라서 매장에 트는 음악이 사람들의 기분을 어떻게 바꾸느냐는 굉장히 중요하다. 장조 음악이 소비자의 기분을 더 좋게 하고 신나게 할 가능성이 높으니 더 큰 매출을 불러올 가능성도 높은 셈이다. 느린 단조음악을 매장에 튼 경우와는 매출에 꽤 큰 차이가 있었다는 연구 보고도 있다.

이렇게 간소화시켜 분석해 놓은 글을 읽으며 '나는 안 그렇다'고 생각하는 사람들이 있을 것이다. '난 슬픈 음악이 나올 때 더 사고 싶은걸?'이라는 반응도 충분히 있을 것이다. 하지만 연구 결과는 보편적이다. 일반적으로 대체로 사람들은 조성에 그렇게 반응한다는 것이다. 슬픈 음악을 특히 좋아하는 사람은 슬픈 음악의 섬세한 감수성을 듣고 '내가 좋아하는 류의 음악이다!'라는 생각으로 기분이 좋아질수도 있다. 그렇다면 단조 음악을 듣고 기분이 좋아지는 결과가 나타날 수 있다.

하지만 솔직하게 나의 쇼핑 습관을 돌이켜 생각해 보자. 음악에 큰 관심이 없다가도 정말 유명한 노래나 내가 좋아하는 음악이 나올 때, 갑자기 '오, 이 곡…!' 하고 음악을 인식하게 되지 않는가?

어떤 매장에 들어가서 음악이 나오는지 안 나오는지를 인지하는 소비자들은 많다. 하지만 정확히 어떤 음악을 틀고 있는지 유심히 듣고 음악이 바뀔 때마다 그 음악이 장조인지 단조인지 생각하며 쇼핑하는 사람은 아주 드물다.

음악이 사람들을 움직이는 방식은 무의식의 세계에서 일어나는 일이다. 그래서 저자가 음악을 무의식의 지배자라고 부르는 것이다. 소비자들은 보통 인지하지 못하는 상태에서 영향을 받는다. 그래서 저자는 자신있게 말할 수 있다. 이 글을 읽는 독자 여러분도 부지 중에 장조와 단조 음악, 빠르고 느린 음악에 따라 구매 결정을 달리했을 확률이 높다.

매장용 음악의 예시 플레이리스트도 제공하면 많은 사람들이 도움을 받을 수도 있을 것이다. 하지만 비즈 멜론, 샵뮤직, 라임덕 등 다양한 업체에서 각 업종에 맞는 음악들을 합법적으로 유상으로 제공하고 있다. 저자는 판매량에 직접적인 영향을 끼칠 수 있는 매장용 음악을 위해 유상 서비스를 이용하기를 추천한다.

친목을 위한 음악

음악은 인류가 가진 아주 강력한 자원 중 하나이고 그 역사도 길다. 음악이 역사적으로 언제 가장 많이 쓰였는가를 짚어보면 아마 사교적인 목적, 많은 사람들이 한데 모이는 종교적인 행사에 가장 많이 사용되었을 것이다.

역사까지 볼 필요도 없다. 지금도 사교적인 행사에는 음악이 빠지지 않는다. 음악이 없는 결혼식은 상상하기 어려울 정도로 축하의 자리에서 음악은 필수이다. 많은 사람들이 한곳에 모여 하나라는 유대감을 느끼는 축구나 야구 경기장도 한 예이다. 경기장에서는 수많은 사람들이 한목소리로 따라 부르는 응원가가 필수이다.

사람들은 음악의 힘을 빌어 형성된 끈끈한 분위기 속에서 감정적인 진솔한 이야기를 나누기도 하고 종교를 믿는 사람이라면 종교음악을 듣고 부르면서 신과 자신을 더욱 가깝게 느끼기도 하며 음악으로 마음에 드는 이성에게 애정을 표현해 연인 간에 서로를 더 가까이 느끼기도 한다. 친구들과 저녁 식사를 함께 할 때에도 배경 음악을 사용하는 사람들도 많고, 앞서 바그너에 대해 다룬 것처럼 많은 대중에게 영향을 주기 위해 정치적으로 사용되기도 하는 것이 음악이다.

음악은 개인과 사회를 통합시키고 하나로 만들 수 있다. 세계적인 대회에서 애국가가 울려 퍼질 때에는 한 나라의 오천만 국민에게 하나의 유대감을 줄 정도의 영향력이다. 하지만 그 이유를 어떤 과학도 학문도 완전히 설명하지는 못하고 있다.

사실 음악이 어디에서 왔는가는 음악의 영향력을 이해하는 데에 매우 중요하다. 종교, 철학, 과학, 사회학 등 분야에 따라 수만가지 가설과 이야기들이 있다. 하지만 생물학적으로 봤을 때, 음악은 결국 사람의 뇌에서 처음 형태를 드러낸다고 할 수 있다. 작곡가가 자기 뇌 속에 떠오른 영감을 음악적 기술을 통해 악기나 목소리로 잘 표현해 내면 음악이 되는 것이다. 그래서 음악을 이해하기 위해 뇌파를 설명하게 되고 뇌과학의 영역으로 들어가게 되는 것이다.

음악은 한 사람의 뇌에서 시작되어 악기나 목소리로 구현되고 그 소리를 들은 청자들은 다시 그들의 뇌로 가져가 거기에서 음악 신호를 이해한다. 예술이란 언어체계를 건너뛰고 창작자의 뇌에서 관객의 뇌로 연결되는 신비한 소통의 세계인 것이다. 비단 음악뿐만 아니라 모든 예술 작품이 뇌에 떠오른 영감으로부터 구체화된다.

역사학자나 인류학자들은 음악이 춤과 함께 발전했다고 여긴다.[42] 음악과 춤은 함께 발전하면서 생물학적으로 또 문화적으로 사람들과 사람들의 관계를 이어주는 유대감을 형성해 왔다. 친구나 연인끼리 추는 춤도 있었고 많은 사람들이 둥그렇게 둘러서서 다 같이 추는 춤도 있었다. 축제 때에는 깃발이나 선두를 따라 함께 마을을 돌며 일렬로 춤추며 퍼레이드를 하기도 한다. 이런 양상은 전 세계적으로 분포되어 있을 만큼 보편적이다.

음악에 맞춰 여러 사람이 함께 몸을 움직이면 뇌에서 독특한 반응이 일어난다. 나도 움직이고 다른 사람도 나와 똑같은 박자에 움직이는 모습을 보면 나의 움직임을 담당하는 운동 신경과 다른 사람의 움직임을 인식하는 지각 신경이 둘 다 사용된다.[43] 우리 뇌에서 그 두 신경이 만나면서 '어? 저 사람도 나와 같은 박자에 움직이네? 나와 비슷한 사람이다'라는 느낌을 갖게 되어 '나'와 '타인'의 경계가 흐려지는 결과를 가져온다는 것이다. 부족사회를 상상해 보라. 드럼이나 장구 박자에 맞춰 두 사람이 함께 몸을 한동안 같이 움직이며 즐거운 시간을 갖다 보면 뜻모를 유대감이 생긴다. 여러 사람이 둘러서서 함께 한 음악에 맞춰 춤을 추다 보면 함께 움직이는 이들 모두가 공동체의 일원이라는 알 수 없는 인식이 생겨나고 서로를 신뢰하게 된다.

이것은 '거울 뉴런'이라는 요소 때문이다.[44] 거울 뉴런은 거울 같은 역할을 한다. 뉴런의 종류 중 하나인데 본인이 어떤 동작을 할 때, 활성화되는 영역과 누군가의 동작을 시각적으로 볼 때, 활성화되는 영역이 비슷하다고 하여 그렇게 불린다.

다른 이의 움직임을 보기만 해도 마치 내가 하는 것처럼 실제 움직일 때, 작동되는 부분과 비슷한 뇌 영역이 작동된다는 것이다. 그래서 자기 몸을 움직여 따라해보지 않더라도 내가 보고 있는 사람이 어디를 어떻게 움직여서 저렇게 하는 것인지 금방 이해하게 해준다.

거울 뉴런은 더 나아가 나도 그렇게 따라 움직이고 싶어지게 하는 뉴런이다. 웃긴 말을 들으면 따라서 말하고 싶고 웃긴 코미디언의 손동작을 보자마자 바로 따라 할 수 있는 이유는 거울 뉴런의 작용 때문이다. 거울 뉴런 덕분에 우리는 상대가 추는 춤을 이해할 수 있다. 그리고 춤이라는 것이 음악의 일정한 박자에 맞춰서 계속 움직이는 행위이다 보니 앞으로 어떤 박자에 움직일지 예상이 가능하다. 내가 예상한대로 상대방도 계속 같은 스타일로 같은 타이밍에 움직인다. 그 안에서 신뢰와 유대감이 형성된다.

우리는 누군가의 움직임을 보면 그 움직임을 몸으로 이해한다. 코미디언의 움직임을 보는 순간 우리는 그 움직임을 이해하고 동시에 아주 순식간에 우리의 뇌에서는 그 행동을 어떻게 따라 하면 좋을지 계획하고 실행할 수 있게 만든다. 한 마디로 모방을 가능케 한다.

우리는 모방의 과정에서 먼저 상대방을 이해하는 '공감'이라는 단계를 거치고 그 '공감'한 내용을 바탕으로 그 사람을 따라 하는 '모방'도 가능한 것이다. 이 모방은 큰 움직임에만 국한된 것이 아니다. 나와 함께 있는 상대방의 얼굴 표정도 무의식적으로 따라 하고 싶어진다.

누군가가 슬픈 표정을 짓고 슬픈 이야기를 하면 거울 뉴런의 작용에 의해 우리도 슬픈 표정을 하게 된다. 그리고 나도 그런 표정을 지을 때, 우리 뇌가 그 표정과 상응하는 감정을 느끼게 해 준다. 이심전심(以心傳心)의 과학적 풀이가 이렇다. 그리고 이 이심전심을 느낄 때, 우리는 상대방과 친하다, 친해졌다, 가까워졌다고 생각하게 된다.

여기까지 이해가 되었다면 왜 음악에 맞춰서 춤을 추는 상황에서 거울 뉴런의 작용으로 인해 유대감이 생기는지 조금 더 이해가 될 것이다. 하지만 거울 뉴런은 음악에 더 지대한 영향을 미친다. 함께 춤을 추거나 율동을 할 필요조차 없다. 그저 함께 음악을 감상하기만 해도 사람들 간에 유대감을 느낄 수 있다.

거울 뉴런으로 인해서 인간은 다른 사람의 아픔과 상황을 실제 자신의 운동신경과 감각에 연결해 어느 정도 자기가 느끼는 것처럼 느낀다. 이를테면 어떤 사람이 스카이다이빙을 하는 영상을 보고 있으면 자신이 뛰어내리는 것도 아닌데 아찔한 느낌을 받는다든지 공포영화에서 잔혹한 살인 장면이 가감 없이 표현될 때, 관객도 '으, 아프겠다!'라는 생각과 함께 몸을 같이 움찔하게 된다든지 하는 상황이다. 누가 체해서 손가락을 바늘로 따는 것을 옆에서 구경만 해도 보는 내 손이 왠지 따끔한 것은 착각이 아니라 실제로 뇌 속에서 일어나는 일이다.[44]

그리고 최근의 연구에서 알게 된 것은 음악은 청각기관을 통해 소리 신호로만 인식되는 것이 아니라 그 소리 뒤에 있는 운동 피질 영역까지 신호가 전달된다는 것이다.[43] 누가 야구방망이를 휘두르는 모습만 보아도 내가 휘두르는 것처럼 내 팔 근육을 움직이는 뇌의 운동피질에는 미묘한 흥분과 움직임이 있다.

이처럼 드럼 소리를 들으면, 누군가가 드럼을 치는 팔의 움직임과 그 사람 몸 전체의 움직임을 어느 정도 상상하며 듣는다는 것이다. 그래서 우리는 기타 소리를 들으면 똑같은 손가락 모양까지 흉내내지는 못하더라도 '에어 기타'처럼 마치 기타가 있는 것처럼 공중에 손을 흔들며 기타 치는 흉내를 낼 수 있다. 드럼 기술을 몰라서 드럼 연주자가 정확히 어느 방향의 무엇을 언제 치는지는 알 수 없더라도 드럼 소리가 신나게 들리는 음악을 즐기다 보면 심벌이 쾅- 치는 소리에 맞춰 마치 내가 연주하는 것처럼 손을 흔들 수 있는 것이다. 왜냐하면 뇌 속에서는 이미 마치 내가 연주하는 것처럼 운동신경이 자극되고 있기 때문이다.

그러니 같은 음악을 듣고 있는 사람들은 모두 같은 속도로 운동피질이 자극받는 상태인 것이다. 마치 다 같이 이 곡을 연주하고 있는 것처럼 말이다. 수면 위로는 우아하고 정적으로 보이는 백조가 물속에서는 빠르고 부산스러운 움직임으로 헤엄을 치고 있듯이 간단하고 정적인 음악 감상처럼 보이지만 청자의 뇌 속에서는 근육의 움직임, 행위, 그리고 더 나아가 감정적인 공감까지 모두 일어나는 대단히 심오한 활동인 것이다.[43]

함께 식사를 할 때, 함께 커피나 차를 마실 때, 파티를 할 때, 사람이 모이는 곳이라면 어디에서나 배경음악을 사용해보라. 수면 위 백조처럼 아무 일도 안 일어나는 듯 보일지 모르겠지만 함께 하는 모든 사람의 뇌 안에 하나의 밴드가 된 것처럼 같은 음악을 연주하며 빠른 속도로 유대감이 생길 것이다.

적용하기

왜 음악이 친목에 도움이 되는지 그 원리는 복잡할 지 모르지만 상황에 맞는 음악을 어떻게 고를 것인가는 아주 간단한 문제이다. 모임의 목적이 무엇인지에 따라 골라야 한다. 이때 기억할 것은 친목을 위한 음악 역시 음악이 주인공이 아니라는 점이다. 주인공은 '친목 도모'이고 '말소리'이기 때문에 주요 목적을 해하거나 방해하는 조연이 되어서는 안 된다.

친목 모임에서는 아무리 좋은 음악을 틀더라도 그 음악에 잠시 집중하다가 곧 자연스럽게 담소의 분위기로 넘어가게 된다. 모임이 음악을 위한 음악 감상회가 아니라면 친목 모임에서 자연스럽게 음악은 배경음악의 역할을 하게 되는 것이다.

수다나 대화가 중심인 모임들의 경우에는 배경 음악은 대화가 끊겼을 때의 어색함을 없앨 수 있고 무의식적으로 더 빨리 소속감과 일체감을 느끼게 해준다. 하지만 잘못 사용하면 오히려 분위기가 이상해지거나 제일 중요한 대화를 방해하는 강력한 요소가 되기도 한다. 사업 아이디어를 나누려고 들어간 카페에서 농염한 목소리가 노래하는 다소 끈적끈적한 음악이 나온다면 어떻겠는가? 그런 환경에서 진지한 회의를 하려면 작정하면 못할 건 없다. 하지만 맞지 않는 음악을 무시하고 대화의 내용에 집중하려는 불필요한 노력이 더 들어갈 것이다. 그런 경우에는 '아, 우리가 찾던 대화 장소가 아닌 것 같네. 다른 곳으로 갑시다'하고 자리를 뜨지 않는가?

아래 내용은 어떻게 하면 음악이 친목 도모에 방해가 되지 않고 도움이 될 수 있을지에 대한 기본적인 설명이다. 참고하여 스스로 알맞은 음악을 선택해 독자들의 친목 모임에 적용해보길 추천한다.

1. 대화 중심의 모임일수록 알맞은 음량이 중요하다.

음악이 대화에 방해가 되지 않으려면 음악의 종류보다는 음량이 더 중요하다. 신나는 음악도 음량을 작게 틀면 작은 것이고 차분한 음악도 음량을 너무 높이면 소리가 큰 것이다. 음악이 말소리보다 더 크면 이야기에 집중하기가 어렵다. 기억하라. 뇌는 두 명 이상의 말소리를 동시에 처리하지 못한다. 말소리도 있는데 음악 소리까지 과도하게 커서 방해하는 순간 뇌가 처리할 수 있는 용량의 한계에 다다르거나 넘어서게 되기가 쉽다. 이럴 때 우리는 '정신없다'고 느낀다.

또 음량이 클 때에는 다소 큰 음악 소리를 뚫고 말을 전달해야 하기 때문에 나도 모르는 사이에 목소리를 크게 내게 된다. 클럽이나 배경음악이 다소 큰 레스토랑에서 수다 떨다가 금방 목이 아파지는 경험을 해본 적이 있을 것이다. '내가 너무 이야기를 많이 했나?'라는 생각이 들 수도 있겠지만 사실 이야기를 많이 나눈 것이 아니더라도 배경 음악이 크면 30분도 채 안 되어 목이 아파지기도 한다. 집에서 담소를 나누더라도 음악이 너무 크면 한 두시간 뒤 목이 아파지기 마련이다. 목이 아프면 이미 '목이 아픈 만큼' 충분히 이야기를 많이 나눴다는 생각에 빨리 모임을 파하고 싶은 마음이 들 수 있다. 모임의 성격에 따라 신나는 음악도 괜찮다. 볼륨을 낮게 조절하면 된다.

2. 음악의 종류는 모임의 성격이 얼마나 진지한가에 따라 결정하라.

같은 대화 중심 모임이더라도 차분하고 조용하게 차를 마시며 대화하는 소규모의 행사도 있겠지만 왁자지껄한 모임도 많다. 이런 모임들은 유대감 형성이 주요 목적인 경우가 많다. 담소의 내용이나 모임의 목적이 얼마나 진지한가에 따라 음악의 종류를 결정했을 때는 성공률이 높다.

진지하지 않고 유쾌하게 함께 즐기는 류의 모임에서는 적당히 신나고 밝은 느낌의 곡들이 알맞을 것이다. 가요와 팝 장르가 대체로 무난하다. 이 때에도 말소리보다 음악의 음량이 작도록 조정하는 것이 좋다.

하지만 진지한 이야기이거나 개인적으로 중요한 이야기를 할수록 차분하고 침착한 음악을 선택하는 것이 좋다. 차분한 음악은 이야기에 더 금방 몰입하게 하고 감정적 교류를 충분히 하며 사려 깊은 대화를 해나

갈 수 있게 도와준다. 평소에는 나누기 힘든 진지한 고민들도 이야기할 수 있는 감정적 분위기를 만들 수 있다.

아래의 예제 플레이리스트들을 보며 어떤 음악이 어떤 상황에 맞을지 머릿속으로 상상해 보는 것도 좋은 연습이다. 당신의 친목 모임에 이런 음악을 틀면 너무 '오글거릴 것 같다'는 기분이 들면 한 칸 오른쪽으로, '음악이 너무 강해서 모임에 집중이 안 될 것 같다'는 생각이 들면 한 칸 왼쪽에 있는 플레이리스트를 사용하면 된다. 플레이리스트들을 들어보고 대략적인 감을 잡았다면 이와 비슷한 음악을 가지고 자신만의 플레이리스트를 만들어 활용해도 좋다.

QR코드를 휴대폰으로 찍어 음악을 들어보세요

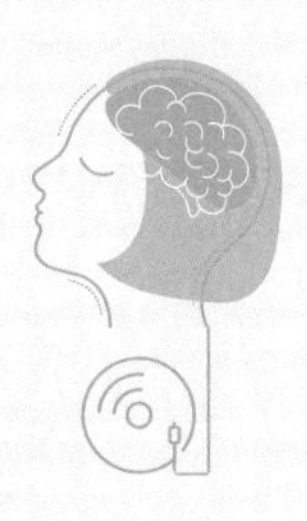

음악과 함께라면
훨씬 더 오래 해낼 수 있을 것이다.

마법V.
신체적 운동 활동 향상시키기

음악이랑 신체적 운동 활동이랑 무슨 상관이지? 하고 생각하는 사람도 있을 것이다. 하지만 음악이 신체에 생리적인 변화를 일으킨다는 것은 이미 이 책의 몇 군데에서 소개한 바 있다. 음악을 들으면 음악의 종류와 상관없이 혈액순환이 빨라지거나 느려진다는 이야기도 했으며, 음악의 속도에 따라 심장 박동, 혈압, 호흡, 아드레날린의 속도에도 변화가 있을 수 있다는 부분도 언급했다.[29] 그렇다면 음악이 신체적 운동 활동에도 도움이 되지 않을까?

실제로 전문 운동선수들이나 운동선수가 되기 위해 훈련하는 사람들은 음악을 종종 듣는다고 한다. 운동선수들은 특히 경기에 나가기 전 대기할 때나 또는 지루한 반복훈련을 할 때 에너지가 많이 필요한 운동을 해야 하는 상황에서 음악을 듣고 효과를 보는 경우들이 있다고 한다.

생활 체육을 즐기는 사람들도 운동 능력과 음악을 연결지어 생각해 볼 수 있다. 에어로빅과 줌바 등의 운동을 할 때 항상 크고 신나는 음악을 틀어 놓고 하는 데에는 이유가 있지 않겠는가?

학교에서 배웠던 국민 체조 음악만 생각해 봐도 각 움직임에 적합한 속도와 분위기로 음악이 바뀌곤 한다. 힘을 줘서 해야 하는 부분에서는 음악도 전진하는 느낌으로 바뀌며 마지막 숨쉬기 운동에서는 음악이 느려진다. 국민체조도 음악이 우리 몸의 움직임과 연관이 있다는 것을 아는 누군가의 작품인 것이다.

음악이 신체적 운동 능력에 주는 영향은 여러 가지가 있지만 크게 세 가지로 나누어서 볼 수 있다. 음악은 신체 에너지를 고양시키고 운동을 오랜 시간 지속할 수 있게 해 주며 좋은 경기력을 낼 수 있도록 집중력을 강화하는 데에도 도움이 된다.

신체 에너지 고양시키기

움직임 동기 부여

많은 사람들이 음악은 귀로만 듣는다고 생각한다. 하지만 신체 움직임에도 지대한 영향을 미친다. 그래서 경쾌한 음악을 듣다 보면 음악에 맞춰 저절로 손으로 박자를 맞추거나 발끝이나 어깨를 들썩거리게 되는 것이다. 콘서트 장에서 신나는 음악을 듣다 보면 저절로 박수를 치고 싶어지기도 하고 춤을 추고 싶어지기도 한다. 생각하기도 전에 이미 몸이 흔들흔들 움직이고 있는 경우도 많다.

사실 음악을 듣는 사람들도 음악에 맞춰 몸이 움직여지지만 연주하는 사람들이야말로 박자에 딱딱 맞춰서 몸을 움직여야만 한다. 박자에 맞춰 손을 움직여야 제 박자에 기타, 피아노, 드럼 등 모든 악기를 칠 수 있다.

모든 사람이 한 박자에 맞춰 다 같이 동시에 연주할 때 그 연주는 듣기가 좋다. 하지만 과연 어떻게 이것이 가능한 걸까?

왜 음악에 맞춰 우리 신체가 움직이고자 하는지 또 뇌의 어느 부분이 박자를 조율하고 유지하는 데에 연루되어 있는지 과거 20년 이상 많은 연구진들이 연구했지만 아직도 알아낸 바 보다는 궁금증이 더 많다.[45]

뇌의 '기저핵'이라는 부분에 손상이 있는 파킨슨 환자들이 박자에 맞춰 손가락을 두드리는 활동에 어려움을 겪는다는 연구 결과도 있다.[46] 이로 미루어 짐작건대 기저핵이라는 부분이 박자에 맞춰 움직이게 하는 데에 영향이 있을 것이라는 연구도 있다.

하지만 특히 음악에 맞춰 신체를 움직이는 다중적인 활동의 경우, 한 가지 분명한 점이 있다. 음악의 타이밍에 맞춰 움직이는 것은 뇌의 어느 한 부분에서 조절하는 것이 아니라 각 움직임을 담당하는 여러 부분들이 함께 네트워크로 일어나는 일이라는 것이다.[47] 여러 가지 일들이 연속적으로 일어나는 고도의 뇌 활동인 것이다. 여기에는 상측 두회, 전운동피질(PMC), 운동보조영역(SMA)과 같은 부분들이 활동할 것이라 연구가들은 짐작한다.[48] 박자에 맞춰 정밀하게 움직이는 음악 연주 같은 경우는 특히 소뇌의 기능도 연루된다고도 볼 수 있다.

사실 이 모든 어려운 뇌 용어를 깊게 설명하고 파헤칠 필요도 없다. 전 세계적으로 음악에 박수를 안 치는 민족이 거의 없다는 것만 봐도 음악을 듣고 박수 치고 춤 추고 몸을 움직이고 싶어지는 것은 인류 보편적인 자연스러운 현상이라는 것을 알 수 있다.

신나는 음악을 듣는 것만으로 몸을 움직이고 싶은 동기가 생긴다는 것은 운동에 아주 도움이 되는 일이다. 운동을 싫어하는 사람도 음악을 들으면 몸을 움직이는 데에 거부감이 덜 들 수 있기 때문이다.

또 운동을 아무리 좋아하는 사람이어도 반복적인 운동을 장시간 동안 해야 하는 유산소 운동이나 근력 운동을 힘들어하지 않는 사람은 없다. 이때 헬스장에 틀어져 있는 강렬한 사운드의 배경음악이 우리 자신이 인지하지 못하는 영역에서 큰 역할을 하는 것이다.

바로 앞 챕터에서 말한 대로 드럼 사운드가 들어간 음악이나 전자 드럼 소리가 강한 일렉트로닉 음악을 들을 때, 우리 뇌에서는 거울 뉴런이 작동해 연주자가 타격하는 행동을 따라 하고 싶어 한다. 이 점을 생각해 보면 왜 우리 몸이 음악에 맞춰 움직이고자 하는지 좀 더 이해할 수 있다. 드럼 연주자가 연주하는 박자대로 나도 움직이고 싶다는 동기가 무의식중에 저절로 생기는 것이다. 뇌는 드럼 소리를 들을 때 이미 드러머의 움직임을 모방하고 있다. 우리가 의식의 범위 안에서 인식하지 못할 뿐이다. 그러니 음악의 박자에 맞춰 움직이는 무용, 댄스스포츠, 에어로빅스 등의 다양한 운동 종목들에 강한 드럼 사운드가 도움이 되는 것은 당연하다.

음악 줄넘기가 한 때 한국에서 유행했던 이유도 그것일 것이다. 다양한 기술을 활용하여 줄넘기를 하면 그 자체로도 재미를 느끼지만 100개나 200개씩 마냥 하기에는 상당히 지루한 운동일 수 있다. 반복적인 행동이기 때문에 어느 정도 하면 금방 지루해진다. 음악에 맞춰 줄넘기를 넘고 다양한 기술을 구사하면 음악 박자에 몸을 맞추려는 자연스러운 동기 부여로 인해 훨씬 더 쉽게 장시간 할 수 있는 것이다.

신체 에너지

헬스장은 언제나 큰 음악소리로 가득하다. 느리고 감성적인 음악이 나오는 경우는 거의 없다. 비트가 강하고 빠르고 신나는 음악이 주로 나온다. 집에서 영상을 보며 에어로빅이나 유산소 운동을 하는 사람들도 홈트레이닝 영상에 나오는 비트 있는 음악과 말소리를 들으면서 운동을 한다.

어느 헬스장에 감성적이고 슬픈 발라드가 나온다고 생각해 보자. 웨이트 트레이닝을 하는데 슬픈 음악이 나온다. 웨이트가 너무 무겁고 힘들어서 포기하고 싶은데 금방이라도 눈물이 나올 것 같은 애절한 발라드 음악이 나온다고 상상하면 어떠한가?

충분히 남아 있던 힘도 급속도로 빠질 수 있다. 몸이 쳐질 수 있다. 우리가 앞서 살펴본 것처럼 감정선이 깊은 슬픈 음악은 혈압을 내려가게 하고 긴장감 이완 효과를 주기 때문이다.[26] 근육에 힘을 준 상태로 해야 하는 운동인데 음악으로 인해 지속적으로 근육이 이완되고 풀리면 우리가 원하는 만큼 원래 할 수 있는 기량만큼 힘을 주기가 더 어려워지는 것이다.

그래서 스트레칭이나 요가와 같이 몸에 힘을 빼고 해야 아프지 않고 건강하게 할 수 있는 운동 종목들은 느리고 여유로운 음악을 종종 사용하기도 하는 것이다. 몸의 긴장감을 일부러 빼는 데에 도움을 준다.

적용하기

긴장감을 이완시키는 음악의 조건을 반대로 적용하면 신체 에너지를 고양시킬 수 있다.

긴장감 이완 음악의 조건 중 다음 두 가지를 거꾸로 적용하면 오히려 늘어져 있던 몸을 각성시키고 긴장시켜 운동할 준비를 할 수 있게 신체 에너지를 고양시켜 준다.

- **긴장감 이완 음악 조건 ③**

  소리가 전체적으로 너무 큰 음악, 감정선이 너무 깊거나 심각한 음악은 긴장 이완을 방해할 수 있다.

  ➠ 소리가 전체적으로 (일정하게) 큰 음악, 심각한 음악은 신체 에너지 고양에 좋다.

소리가 전체적으로 일정하게 크다는 것은 중간에 조용한 구간이 너무 길면 효과가 반감된다는 뜻이다. 일렉트로닉 장르 중에는 대부분 소리가 큰 부분들로 이루어져 있지만 중간 중간 긴장감이 풀어지면서 조용해지고, 다시 밀도가 높아지는 곡도 있다. 이런 곡들은 잠시 동안만 조용해지는 것이므로 괜찮다. 하지만 처음부터 끝까지 후렴을 제외하고 대부분 조용한 곡들은 그 효과가 그리 좋지 못하다.

또 위 조건문에서 말하는 '심각한 음악'은 영화 '록키'에 나오는 Bill Conti의 음악 <Gonna Fly>, Survivor의 음악 <Eye Of The Tiger>와 같은 긴장감이 있지만 심각하고 진지한 분위기를 상상하면 된다. 최근 사람들에게 많이 알려진 Europe의 음악 <The Final Countdown>과 같은 곡도 비트가 강한 심각한 분위기의 곡이라고 할 수 있다.

전체적으로 드럼이나 전자 드럼이 들어있어서 타격감을 계속 주는 음악이 좋다.

- **긴장감 이완 음악 조건 ④**

  리듬이 너무 복잡하고 빠른 음악은 긴장감을 조성한다. BPM 80 또는 그보다 더 느린 음악이 좋다.

  ➽ 리듬이 빠르고 잘게 쪼개진 음악이나 BPM이 빠른 음악일수록 신체 에너지 고양에 좋다.

이 조건에 맞는 대표적인 음악 장르가 바로 '8비트 유로댄스'라고 알려진 장르이다. 개그맨 박명수가 종종 방송에서 보여주는 '쪼쪼댄스'에 맞는 음악들은 신체 에너지 고양에 좋다.

강한 '그루브'를 가진 장르들도 몸을 움직이는데 탁월하다. '그루브'를 말로 표현하기는 어렵지만, 흑인 문화권에서 영향을 받은 장르들 또는 라틴계 문화에서 영향을 받은 장르들이라고 생각하면 된다. 흑인 문화권 장르들에는 알앤비, 힙합, 블랙 가스펠 등이 있을 것이고 라틴 계열 음악에는 쿠바 음악, 플라밍고, 차차차, 살사, 보사노바 등이 있을 것이다. 이런 장르들도 듣는 순간 우리의 목이나 어깨, 어떨 때는 온몸을 부드럽게 움직이게 만드는 강렬한 힘이 있다.

하지만 이런 장르들은 그 장르만의 박자감각이 너무나 강렬한 나머지 듣고 있는 해당 음악의 박자와 속도에만 반응하게 한다. 음악의 속도를 거슬러 다른 속도로 움직이려고 하면 약간의 불편함을 느끼게 되는 경우가 있다. 이런 음악을 들으며 나만의 속도로 줄넘기, 달리기, 버피운동 같이 일정한 박자로 움직여야하는 운동을 하면 약간의 위화감이 들 수 있다. 따라서 일반 운동 활동 시에는 추천하지 않는다. 라틴 댄스나 댄스 스포츠와 같이 특정 그루브와 함께 발전된 춤 활동들은 기본적으로 음악의 박자에 완전히 맞춰야 한다. 그런 운동 활동들을 딱 맞는 그루브의 음악에 맞춰서 하면 200% 이상의 신체 에너지 고양을 체감할 수 있을 것이다.

음악으로 신체 에너지 고양시키기

① 소리가 전체적으로 (일정하게) 큰 음악,
심각한 음악은 신체 에너지 고양에 좋다.

② 리듬이 빠르고 잘게 쪼개진 음악,
BPM이 빠른 음악일수록 신체 에너지 고양에 좋다.

③ 드럼이나 전자 드럼 들어간 타격감이 있는 곡이어야 한다.

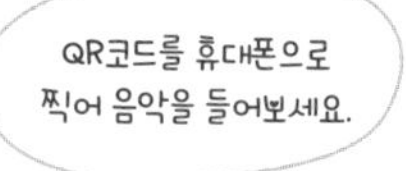

신체 에너지 고양
플레이리스트

지구력 강화하기

앞서 '음악의 관성효과'에서 살펴본 것처럼 음악이 틀어져 있는 시간 동안 그 음악의 박자와 분위기는 그 시간을 지배한다. 음악과 함께 공부를 하다보면 평소라면 지루해서 일찍 포기했을 공부를 음악이 틀어져 있는 4분 동안 지금 읽고 있는 페이지라도 끝까지 읽어보고하는 끈기를 낼 수 있게 해준다. 끈기 있게 현재 하고 있는 일을 지속할 힘을 주는 것이다. 마치 관성처럼 현재 상태를 유지하는 힘이 생긴다.

집에서 혼자 홈트레이닝을 시작했지만 첫 10분 동안 하다가 힘들어서 금방 멈춰본 적이 있는가? 신나는 음악과 함께라면 그보다 훨씬 더 오래 해낼 수 있을 것이다. 에너지 넘치는 음악을 들으면서 운동하다 보면 평소보다 더 오래 운동할 가능성이 더 높아진다. 비슷한 이유로 조깅을 하는 사람들이 무선 이어폰으로 음악을 들으며 하는 경우가 많다. 음악이 없을 때보다 훨씬 긴 거리를 달릴 수 있기 때문이다.

그렇다면 어떤 음악이 지구력 강화에 도움이 되는 것일까? 어떤 학자는 사이클을 하는 선수들에게 빠른 음악과 느린 음악을 들려주며 연습을 진행해 보았다.[49] 놀랍게도 느린 음악을 틀자 페달을 밟는 속도가 느려지고 심장 박동도 느려졌다. 주행거리도 훨씬 짧아졌다. 연습 후 선수들에게 설문조사를 해보니 음악이 별로 마음에 들지 않았다고 답했다.

같은 음악이지만 속도를 10%만 더 올려 보았다. 같은 조건에서 같은 선수들과 다시 실험했다. 그랬더니 주행거리가 훨씬 길어졌다. 페달에도 더 많은 힘이 실린 것이 측정되었다. 심장박동 주기도 올라갔다. 연습 후 설문조사를 했더니 같은 음악이지만 더 즐기면서 운동할 수 있었다고 답했다.

음악이 통증을 완화시키는 효과가 있다 보니 많은 사람들이 운동의 고통을 경감시켜 줄 것이라고 생각하기도 한다. 음악을 들으면서 하면 힘든 운동도 가뿐하게 해낼 수 있지 않을까 하는 기대도 있다. 하지만 빠른 음악을 들었다고 해서 운동이 덜 힘들어지는 것은 아니다. 오히려 사이클 선수들과의 실험에서 음악이 했던 기능은 끊임없는 동기부여였다. 더 세게 운동하고 더 열심히 운동할 수 있도록 지속적으로 동기부여를 한 것이다. 더 힘든 운동도 '해봐야지!' 하는 마음이 들게 하는 것이다. 더 빠른 음악을 들었을 때, 실험 참가자들은 더 큰 도전을 스스럼없이 받아들이고 오히려 그 고통을 즐기게 되었다. 그 결과 주행거리가 길어진 것이다.

그리고 지구력 강화에 가장 도움이 되는 음악의 효과는 정신이 맑아지고 똑똑해지는 것이다. 이쯤 되면 음악이 진짜 마법이 아닌 다음에야 이런 다양한 효과가 있을 리가 없다 싶은 독자도 있을 것이다. 하지만 분명히 뇌과학적인 근거가 있는 말이다.

음악의 리듬이 운동활동에 주는 가장 큰 도움은 아마 '페이스 조절(속도조절)'을 더 잘하게 해준다는 점일 것이다.[50] 우리 뇌에는 무슨 일을 하든지 효율적으로 에너지를 쓰기 위하여 행동을 계획하고 실행하는 집행 기능이 있다. 달리기라든지 웨이트 트레이닝을 할 때 우리의 뇌는 운동을 계획하고 실행한다. 얼마나 오래 달릴 것인가를 생각하여 현재 얼마나 빨리 달릴지를 정한다. 일정하게 달리지 못하고 빠르게 달렸다가 느리게 달렸다가를 계속 반복하면 같은 거리의 달리기라도 더 힘들다. 일정하게 비슷한 양의 에너지를 사용하여 달리도록 하는 것, 이런 페이스 조절을 하게 해 주는 것이 바로 뇌의 '집행 기능'이다.

특히 드럼이 들어가 있는 음악의 경우, 처음부터 끝까지 주기적인 리듬으로 가득 차 있다. 특별한 일이 없으면 처음부터 끝까지 비슷한 속도로 계속 이어지기 때문에, 이런 음악을 들으면서 운동할 시, 음악이 제공하는 주기적인 리듬을 따라 일정한 속도로 운동을 하는 데에 도움이 된다.

일정한 속도를 유지하지 못하면 땀이 많이 나는 유산소 운동은 전반적으로 특히 더 힘들다. 운동하는 긴 시간 동안 우리 몸의 에너지를 효율적으로 운용할 수 없기 때문이다. 음악이 주는 이런 주기적인 청각 신호들은 신체 에너지를 끝까지 더욱 효율적으로 쓰도록 뇌의 집행기능에 도움을 준다.[17]

이때 기억할 점이 있다. 자칫 지루할 수 있는 반복적인 운동에는 지구력 강화 운동이 도움이 되지만, 고도의 집중이 필요한 기술 훈련, 전문 운동 기술을 습득할 때에는 차라리 음악이 없는 편이 낫다. 자기 스스로의 근육이나 몸의 감각에 더 정밀하게 신경을 쏟을 수 있기 때문이다.

신체 에너지 고양시키기 음악도 지구력에 도움이 된다. 하지만 신체 에너지 고양을 위한 플레이리스트의 곡들은 밀도나 강도가 상당히 강하

17 음악은 비단 신체적 활동뿐만 아니라 모든 활동에서 효율적으로 활동을 계획하고 실행하도록 도와준다.

다. 그래서 어떤 이들에게는 취향에 너무 안 맞는 음악일 수 있다. 너무 '센' 음악일 수도 있다는 것이다. 너무 강한 음악이어서 장시간 청취가 어렵다면 아래 플레이리스트에 들어있는 곡들처럼 적당히 신나지만 마냥 듣기 좋은 음악들도 도움이 된다.

만약 지구력을 높이는 데에 주안점을 둔다면 운동의 강도에 따라 좀 더 부드러운 플레이리스트를 사용해도 좋다. 조깅같이 가벼운 느낌으로 하는 운동이라면 그렇게까지 강렬하게 에너지를 끌어올리는 것보다 꾸준히 일정하게 운동하는 것이 더 중요할 것이기 때문이다.

너무 조용해서 긴장감을 이완시키는 음악이 아니라면 괜찮다. 팝이나 댄스음악도 좋은 장르이다. 엄청나게 밀도 높은 음악은 아니어도 드럼 사운드가 처음부터 끝까지 있으면서 전반적으로 일정한 음량으로 진행되는 곡이면 될 것이다. 아래 플레이리스트를 들어보고 이와 비슷한 음악을 가지고 스스로의 음악적 취향을 반영해 자신만의 플레이리스트를 만들어 활용해 보라.

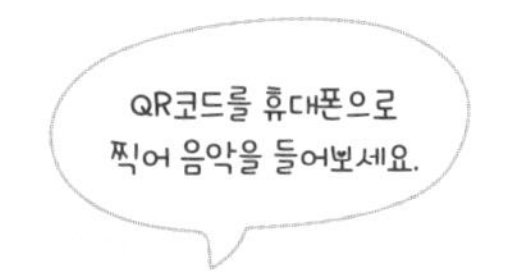

운동 지구력 강화
플레이리스트

경기 전 마인드 컨트롤

전문 운동선수들이나 중요한 운동 경기를 앞둔 사람들에게도 음악은 좋은 도구가 되어 줄 수 있다. 한 경기만을 위해 오랜 시간 훈련한 운동선수들의 경우, 경기 전 대기할 때, 혹여 자신의 기량을 다 발휘하지 못할 것에 대한 두려움과 긴장감이 최고조인 경우가 많다. 오랜 시간 연습하고 고된 훈련을 다 했는데 한순간의 긴장감으로 집중력이 흐트러져 제 실력을 발휘하지 못해 눈물 짓는 선수들도 종종 볼 수 있다. 아마추어, 프로와 상관없이 대회에서 겨루는 형식의 모든 종목에 해당되는 내용이다.

자신의 실력을 십분 발휘하기 위해서는 경기 전 마인드 컨트롤이 아주 중요하다. 극도의 긴장감을 느낄 때 극도의 신체적 긴장감, 또 정서적 긴장감을 이기지 못하면 본인의 평소 실력을 발휘하기 어렵다.[51]

선수들마다 음악을 듣거나 책을 읽는 등 자신만의 마인드 컨트롤 방법을 찾는 것이 일반적이지만, 이 책에서는 음악으로 컨트롤 하는 방법을 설명할 것이다.

경기 전 마인드 컨트롤의 세 가지 키워드는 긴장감 이완, 집중력 강화, 신체 에너지 각성이다. 이미 한번씩 살펴본 내용이라 익숙할 것이다. 음악의 첫 번째 마법과 두 번째 마법과 동일하다. 신체 에너지 각성은 '신체 에너지 고양시키기' 장과 동일한 원리이다. 저자가 제공할 플레이리스트도 동일하다. 하지만 누가, 어떤 종목에, 언제 사용해야 할 지를 생각해 보자.

경기 직전에 신체 에너지 각성이 필요한 운동은 무엇일까? 운동 종목에 따라 어떤 운동은 역동적이고 반응 속도가 빨라야 하는 종목이 있다. 축구, 농구, 격투기 등 다른 선수들 또는 어떤 물체의 활동에 따라 자신의 움직임을 즉시 변형하고 반응해야 하는 운동 기술을 '개방 운동 기술'이라고 한다.[52]

이 개방 운동 기술에 속한 스포츠 종목들은 몸이 언제든지 즉각적으로 반응할 수 있도록 하는 적당한 긴장감과 각성이 필요하다. 긴장감을 너무 이완시켰다가는 몸이 처져 반응 속도가 느려질 것이다.

수영과 같이 경기 시작과 동시에 역동적으로 신체 전체를 사용해야 하는 운동도 비슷하다. 박태환 선수가 경기 전까지 헤드폰을 끼고 음악을 듣다가 경기 직전에 헤드폰을 내려놓는 것도 많은 사람들의 관심을 받았다. 어떤 음악을 들었는지 정확하게 알 수는 없으나 신체 에너지와 반응 속도가 높은 상태에서 시작해야 하는 운동들에는 신체 에너지 고양 파트에서 소개한 플레이리스트들이 도움이 될 것이다. 경기에 들어가자마자 신체 에너지가 높은 상태로 시작할 수 있도록 말이다.

하지만 예외는 항상 있다. 기본적으로 긴장 수준이 높아서 음악이 없이도 극도로 긴장되어 있는 상태라면 너무 강렬한 플레이리스트가 아니어도 좋을 것이다. 선수들 스스로가 자신의 상태를 살펴보아야 한다. 곧 경기에 나가야 하는데 몸에 기운이 빠진 상태라면 신체 에너지 플레이리스트를, 이미 어느 정도 긴장 상태이지만 신체 에너지를 더 끌어올리고 싶다면 그보다 조금 부드러운 지구력 플레이리스트 같은 음악이 도움이 될 것이다.

신체 에너지 고양
플레이리스트
↓
경기에 나가야 하는데
몸에 기운이 빠진 상태일 때

운동 지구력 강화
플레이리스트
↓
어느 정도 긴장 상태이지만 신체
에너지를 더 끌어올리고 싶을 때

반면에 폭발적인 신체 에너지보다 강력한 집중력이 필요한 운동 종목들도 있다. 운동 종목에는 개방 운동 기술도 있지만, 그보다 훨씬 조용한 폐쇄 운동 기술도 있다. 사격, 양궁, 골프 등 정적인 운동이 이에 해당한다.

정적이며 침착하게 순간적인 집중력을 요하는 종목들의 가장 큰 적은 긴장감일 수 있다. 긴장감이나 잡다한 생각 등 집중력을 방해하는 요소를 비우고 경기에 들어가면 훨씬 평정심을 가지고 경기에 임할 수 있을 것이다.

이런 부분은 앞서 살펴본 명상, 마음챙김 명상과도 일맥상통하는 부분이다. 긴장감이 최고조이더라도 명상 음악 같이 순간적으로 맥이 풀리도록 하는 음악을 듣고 음악에 내 정신을 맡기면 조금 더 수월하게 긴장감

이 내려가는 효과를 느낄 수 있다. 마음챙김 명상도 탁월할 것이다. 여러 가지 고민으로 가득 차 바빴던 머릿속이 금방 잠잠해지고 내 호흡 소리나 내 몸의 촉감과 느낌에만 집중하게 되어 현재 이 순간에 집중할 수 있을 것이다.

저자는 개인적으로 어느 상황에서든 긴장감을 완화시키는 데에는 음악만한 것이 없다고 생각할 정도로 음악의 긴장감 이완 효과가 탁월하다고 여긴다. 하지만 아무리 정적인 운동이라지만 정말 긴장감을 내리는 것만으로 괜찮은 것일까? 운동 경기인데 몸의 긴장감이 다 이완되면 좋지 않은 것이 아닌가?

그래서 경기 전에 사용할 플레이리스트로는 긴장감 이완보다는 집중력 강화 플레이리스트를 추천한다. 마음에 평정심을 찾게 해 주고, 곧 경기에서 집중력을 발휘할 수 있게 해 주는 음악은 집중력 플레이리스트이다.

하지만 집중력 강화 플레이리스트들과 공부할 때와는 다른 기준으로 선택해야 한다. 과제의 쉬움과 어려움으로 선택할 것이 아니라 자신의 긴장도에 맞춰 선택하는 것이 좋다.

긴장감이 극도로 심하다면 긴장감 이완에 더 중점을 맞추고 적당히 견딜만한 긴장감이면 집중력을 유지해 주는 방향에 중점을 두어야 한다. 이 역시 선수나 개인이 스스로 자신의 상태를 살피고 그 상황과 상태에 맞는 음악을 선택하는 것이 중요하다.

적용하기

극도의 긴장감(긴장감 이완에 가까운 음악) ⟷ 기분 좋은 긴장감(집중력 강화에 가까운 음악)

과제 上		과제 中		과제 下	
음악 1단계	음악 2단계	음악 1단계	음악 2단계	음악 1단계	음악 2단계
					자신만의 플레이 리스트
자연적인 백색 소음 (심리 안정, 수면 효과도 기대 가능)	명확한 선율 없음 분위기 위주 진행	명확한 선율, 부드러운 음악	보컬이 있는 음악, 부드럽고 단순한 음악	타악기가 있지만 부드러운 음악	자신이 좋아하는 음악, 자신이 훈련시에 들었던 음악 등.

QR코드를 휴대폰으로 찍어 음악을 들어보세요

만약 경기 전 기분 좋을 정도의 긴장감을 갖고 있다면 긴장감 이완이나 집중력 강화에 초점을 두기보다 동기부여와 활력에 초점을 두는 것도 좋다. 감정을 더 기쁨과 긍정으로 끌어올리기 위해 자신이 평소에 좋아하는 음악을 듣는 것을 적극 권장한다. 또는 연습·훈련 시에 자주 들어서 훈련의 기억과 밀접히 연결되어 있는 친숙한 음악이 있다면 그것도 안심하고 자신의 기량을 펼치는 데에 도움이 될 것이다.

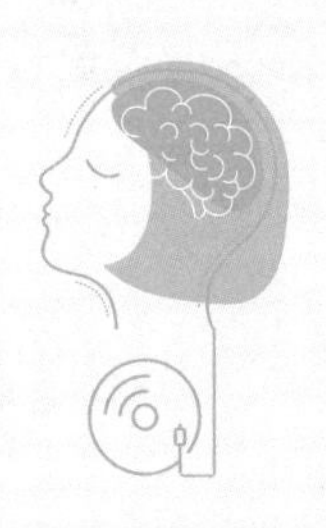

당신은
자기 기분을 자기 마음대로
조절할 수 있는
힘이 있는 사람이다.

내 기분 내 맘대로 조절하기

생각하는 대로 살지 않으면 살아온 방식대로 생각하게 된다.

- Paul Bourget

살면서 한번쯤은 들어본 말이다. 프랑스의 소설가 폴 부르제(Paul Bourget)가 한 말인데, 생각하고 원하는 대로 살고자 노력하지 않으면 주어진 환경대로 사회에서 유도하는 방향대로 흘러가듯 살아지게 되어 결국 원하는 것과 다른 삶을 살게 된다는 것이다.

삶을 용의주도하게 원하는 대로 산다는 것은 굉장히 힘든 목표이다. 하지만 내가 원하는 삶의 모습과 현재 내 모습이 다를 때 인간은 또 강렬한 좌절감을 경험한다. '내가 이렇게 살려고 그렇게 열심히 공부하고 취업했나?', '나는 여행도 다니고 세상을 경험하고 싶은 소년이었는데 여행은 꿈도 못 꾸는 이 생활이 과연 맞는 것일까?' 이런 고민들을 우리는 살면서 은연중에 하게 된다. 자신이 꿈꿨던 행복한 결혼 생활은 낭만과 사랑으로 가득 차 있을 줄 알았지만, 생활고와 친척 간의 갈등으로 힘든 나날이 더 많은 현실을 마주한 사람도 있을 것이다. 큰 기업에만 들어가면 돈 걱정 없이 편안하게 살 수 있을 거라 생각했지만, 하루 종일 일만 하고 가족들 얼굴도 자주 보지 못하게 된 사람도 있을 수 있다. 생각했던 것처럼 인생이 흘러갈 수 있다면 얼마나 좋겠는가? 하지만 인생은 생각대로 되지 않는다.

하지만 나의 행동, 말, 생각, 더 나아가서 내 기분은 내 생각대로 어느 정도 할 수 있을지도 모른다.

> 개인은 스스로를 어떤 매체에 노출시킴으로써 자신의 기분을 원하는 대로 조절할 능력이 있다.
>
> \- Adolf Zillmann

아돌프 질만(Adolf Zillmann) 교수는 2015년에 낸 논문에서 이렇게 말했다. 자신의 기분을 원하는 대로 조절할 능력이 있다고 말이다. 마치 초능력같아 보이지만 알고 보면 누구나 쉽게 할 수 있는 일이다. 그리고 질만 교수는 자신이 관찰해 본 결과 사람들은 '이미' 싫은 감정은 축소시키고 좋은 감정은 최대로 끌어올리기 위해 다양한 매체를 사용하고 있다고 한다. 위에서 말한 것처럼 의도적이든 무의식적이든 사람들은 기분 관리를 하고 있다는 것이다.[53]

장시간 운전해야 하는 트럭 운전기사들은 종종 운전 중 라디오를 듣는다. 보통 라디오 채널을 여기저기 돌리다가 자신이 좋아하는 음악이나 이야기가 흘러나오는 채널이 나오면 그 채널에 고정하고 듣기 시작할 것이고, 이후에 자기가 싫어하는 음악을 틀면 다른 채널로 돌리거나 꺼버릴 것이다.

간단하지만 자신의 기분을 좋은 상태로 유지하려는 기분 관리의 일종이다. 내가 호감을 갖고 있는 미디어를 선택하여 청취함으로써 현재의 좋은 기분 상태가 유지되거나 앞으로 더 기분이 좋아지기를 기대하는 것이다.[53]

이제 세상에는 라디오뿐만 아니라 다양한 미디어 콘텐츠가 있다. 텔레비전, 라디오, 컴퓨터, CD, 음악 스트리밍 플랫폼, 동영상 서비스 등등 매일매일 수백만 가지의 음악과 영상물이 쏟아져 나온다. 미디어 콘텐츠의 개수도 폭발적으로 많다. 전 세계적으로 지금 현 시각 발생된 동영상의 숫자가 얼마나 될지 가늠조차 되지 않는다. 그중 무엇을 볼 것이고, 무엇을 안 보고 넘길 것인가는 본인이 결정한다.

그래서 학자들은 많은 사람들이 소셜네트워크와 미디어에 휩쓸려 살고 있으며 이를 조절할 능력이 되지 않는 경우가 많다고 말하기도 한다.[54] 그래서 우리는 미디어에 휩쓸리지 않도록 늘 조심해야 한다. 한시라도 소셜네트워크를 확인하지 않으면 불안하다거나 알고리즘에 의해 눈앞에 제시되는 정보를 수동적으로 따라가며 자신의 정치적, 철학적, 사회적 개념을 바꾸거나 정립하는 사람들도 아주 많아졌다.

하지만 이 책의 서두에서 말한 것처럼 술에 의존하지 않고서 스트레스를 풀 수 없다면 우리는 술의 노예인 것이다. 대중 매체와 소셜네트워크도 동일한 눈으로 보아야 한다. 대중 매체와 소셜네트워크에 붙들려 살지 않고 내가 주인이 되어 무엇을 청취할 것인지 결정할 수 있어야 한다. 내 정신건강에 해로운 것은 더 이상 보지 않고 내가 보고 있는 이 매체가 나의 정체성과 가치관에 좋지 않은 영향을 주는 것은 아닌지 늘 주의해야 한다.

그리고 저자는 주의하는 것을 넘어서서 우리가 원하는 결과를 얻기 위해 이런 대중 매체를 이용하는 '사용자'가 되기를 바란다. 아돌프 질만이 말한 것처럼, 운전기사가 운전 중 좋은 기분을 유지하기 위해 자신에게 맞는 라디오 채널을 선택하듯이 우리의 기분과 감정을 조절하기 위해 스스로 매체를 선택하는 사용자가 되라는 것이다. 우리는 대중 미디어 중 음악을 선택적으로 사용함으로써 주체적인 '음악 사용자'가 되려 하는 것이다.

미디어 중 순전히 음악의 세계만 놓고 본다면 지금이 가장 음악으로 기분을 조절하고 관리하기 편해진 시대인 셈이기도 하다. 수많은 음악이 우리 앞에 펼쳐져 있다. 돈이 없으면 음악에 접근할 수 없는 세상은 이미 지나갔다. 광고영상 몇 개 시청하는 조건으로 음악을 무료로 들려주는 플랫폼이 이미 많아졌기 때문이다. 또 소액으로 플랫폼을 구독하기만 하면 무제한 스트리밍이 가능한 세상이기 때문이다.

전 세계에서 쏟아져 나오는 모든 음악이 여러분의 손 안에 있다. 그렇다면 이 수많은 음악을 가지고 어떻게 자신의 기분을 관리하고 조절하여 정신 건강을 증진시킬 수 있을지 생각해 보자.

기분 관리법

음악을 잘 선택해서 기분을 조절하고 정신건강을 개선하자는 저자의 권유를 읽고 많은 독자들이 음악치료학을 떠올렸을지도 모른다. 음악이 실제로 상처나 세포를 회복시킨다는 연구 보고는 없지만, 음악치료사들이 음악의 박자에 맞춰 근육을 움직이도록 재활훈련을 돕는 것부터 간호사들이 중환자들이 모여 있는 병실에 듣기 좋은 음악을 틀어 환자들의 기분과 정서 상태를 돌보는 등의 작은 일까지 모두 큰 의미로 음악치료의 일환이라고 볼 수 있다.

우리가 이야기할 '기분 관리법'은 우울과 분노와 같은 부정적인 감정을 음악을 통해 건강하게 처리하자는 데에 있어서 음악치료와 분명 깊은 연관이 있다.

지금까지 살펴본 음악의 다섯 가지 마법은 대부분 능률에 대한 내용이었다. 특정한 활동에 음악을 어떻게 붙여 능률을 올릴 것인가의 고민이었다.

- 마법I. 긴장감 이완
  - 쉴 때 깊고 충분한 쉼을 취할 수 있도록 휴식 능률 올리기
- 마법II. 집중력·능률 향상
  - 공부, 업무 등의 과제에 몰입하도록 도와 과제 능률 올리기
- 마법IV. 분위기 형성
  - 다른 사람들에게 영향력을 행사하여 수익률 올리기
- 마법V. 신체적 운동 능력 고양
  - 신체 활동 시 운동 능률 올리기

마법III 나의 상태 인지하기를 제외하고는 모두 능률, 효율, 수익과 같

이 어떤 가시적인 목표를 달성하는 방법들이다. 모두 한국인들이 좋아하는 자기계발 도구이자 실용적인 치트키들일 수 있겠다.

하지만 마지막 챕터이자 가장 중요한 챕터인 '내 기분 내 맘대로 조절하기'의 목표는 조금 다르다. 그 목표를 단순하게 표현하면 다음과 같다.

① 부정적인 감정을 잘 해소하여 정신 건강을 증진시키기
② 감정을 표현할 수 없는 상황에서 감정 다스리기

부정적 감정, 불편한 너

'감정은 중요하다' 장에서 언급했듯 강렬하게 느낀 감정 스트레스는 바쁜 일상 속에 지나가면 사라진 것처럼 느껴질 수 있지만, 오히려 무의식 깊은 속으로 점차 잠식할 뿐 좀처럼 사라지지 않는다.

누구나 회사 또는 학교에서 누군가에게 험한 인신공격을 당할 수 있다. 이런 일이 겪으면 꽤 강렬한 기억이기 때문에 좀처럼 잊히지 않고 그 언행이 생각 날 때마다 기분이 나쁠 수도 있다. 하지만 앞으로 불편해질까봐 또는 커리어 상의 이유로 그 기억을 무시한 채로 그냥 묻어두고 지나가는 경우도 많다. 그렇게 마냥 시간이 흐르면 다시 그 문제를 꺼내서 말하기도 애매한 상황이 되고, 기억 속에서 점점 희미해져 가기 일쑤이다. 그렇게 희미해져 잊히면 된 것일까? 내 안에서 사라진 것일까?

분명 그와 비슷한 일이 생기면 이전 사건이 다시 떠올라 더 억울하고 분할 것이다. 어떤 이는 그런 말을 들을 것 같은 낌새나 분위기만 느껴져도 그 상황을 회피하기 위해 많은 노력과 에너지를 쏟게 될 수도 있다. 비슷한 류의 감정적 스트레스 상황이 반복적으로 생기면 특정 상황이나 주제만 나와도 '내가 왜 이러지?' 할 정도로 나답지 않은 반응들을 하게 될 수도 있다. 방어적이 되는 것이다.

내 뇌리와 가슴에 콱 박혀 생채기를 낸 강렬한 감정의 기억은 어떻게든 풀어내야 사라진다. 풀어내면 사라지거나 건강하게 해소될 수 있다. 또 그렇게 해결이 되어야 우리 자신이 그 문제로부터 자유로워질 수 있다. 마음이 답답하고 무거운 상태가 오래 지속되고 있다면 무언가 해결되지 않은 문제를 한 손에 붙들고 살고 있기 때문인지도 모른다.

나에게 해코지한 모든 사람들에게 화내고 소리지르라는 말이 아니다. 우리는 때로 우리를 괴롭히는 힘든 감정에 홀로 깊이 빠져 충분히 울고 털어낼 수도 있어야 한다는 것이다. 부정적 감정을 굴복시키고 없애야할 대상으로 보지 않고, 인지하고 달래줄 때 정신이 건강한 사람이 될 수 있는 것이다.

'다루지 않고 넘어가도 괜찮던데?'하고 생각할 수 있다. 하지만 비슷한 상황에 직면할 때마다 다시 기억의 수면 위로 떠오르고 간혹 우울감으로 돌아오기도 한다. 너무 오랜 시간 무시한 채로 보내면 더이상 어떤 기억 때문에 우울한지 그 상세 내용은 기억이 나지 않게 될 수 있다. 하지만 대신 우울이나 짜증, 분노의 감정이 다시 수면 위로 떠오른다. 그 모든 해결되지 않은 안 좋은 기억과 감정이 모여 오늘의 나를 만들었다고 생각해 보라.

사람의 감정은 원래 변화가 많다. 외부의 영향으로 인해 기뻐졌다가 슬퍼졌다가 짜증났다가 화났다가 귀찮았다가 하기 마련이다. 늘 기쁜 상태로 유지하려는 노력은 사실 인간의 자연스러운 현상을 거스르는 것이다. 감정이 흔들리는 것은 불안하다고 여겨서 기쁨도 슬픔도 아무런 큰 감정도 느끼지 않고 무미건조하게 살아가려고 노력하는 무감각한 태도 또한 자연스럽지 않다.

힘들 때는 힘든 감정 상태에 있어도 괜찮다. 자연스럽게 그 감정을 느끼도록 내버려두면 건강한 마음 상태를 가진 사람이라면 곧 그 감정이 지나가기 마련이다. 격렬하게 화가 나거나 슬프거나 하는 감정 상태는 대개 5분 이상 지속되지 않고 자연스럽게 사라져 간다. 우리가 계속 그 감정에 우울한 생각을 꼬리에 꼬리를 물듯이 장작처럼 계속 추가하기 때문에 오랜 시간 경험하는 것이다.

감정이 생기는 대로 자연스럽게 한 차례 경험하고 나면 건강하게 그 감정이 마무리되어 다시 기분이 좋아지고 나중에도 별 탈이 없다. 부정적 감정이 들 때마다 자꾸 스스로의 독재자처럼 억지로 무마시키고 행복한 상태로 끌어올리려고 노력하면 나중에 탈이 생길 가능성이 더 많다.

어떻게 보면 부정적 감정이야 말로 내가 알아야 하는 나에 대한 필수 데이터이다. 왜냐하면 힘든 상황이나 감정들을 피하고자 하는 마음이 우리의 말과 행동, 가치관의 많은 부분을 형성하기 때문이다. 차별을 많이 받고 살았던 사람은 불평등한 상황을 못 견뎌할 수 있고 늘 어디에서나 잘하고 우등생이었던 사람은 남보다 열등한 상태에 자신이 놓일 때 못 견딜 수도 있다.

피해의식이나 자기 방어 같은 말들은 이상한 특정인들만 갖고 있다고 생각할 지도 모르겠다. 하지만 정도의 차이가 있을 뿐, 우리 모두 갖고 있을 가능성이 크다. 사실 이런 것들이 우리 인격과 성격에 많은 부분을 형성한다.

누가 비판하지 않아도, 자기 스스로 비판하고 낮게 평가하는 사람이 있다고 하자. 평소 자존감과 자신감이 부족한 상태이고 자신의 부족함 때문에 이를테면 '왜 나는 이런 것도 못하지?', '왜 완벽하게 뭔가 해내지 못하지?' 등의 질문을 스스로 종종 하고 우울하다면 그 우울한 감정을 인지하고 왜 생겨났는지 이해하려는 노력이 필요하다. 과도하게 비판적인 부모 아래에서 큰 자녀들은 끊임없이 자신의 능력을 의심하기도 하고 자신에 대한 신뢰도가 낮을 수 있다. 또는 완벽히 해내야 한다는 강박감에 자신이 대체로 잘 하는 사람임에도 불구하고 늘 만족이 없을 수도 있다. 그렇다면 그 강박감은 어디에서 왔는가?

이런 질문들을 해 가며 자신의 감정 상태를 인지하고 이런 감정이 왜 생겨났는지 내 기억 속 큰 사건들을 찬찬히 살펴보는 것은 나를 알아가는 첫 걸음이다. 즉시 그 이유를 명백히 알 수는 없더라도 나에 대한 고찰은 나와의 진정한 대화라는 면에서 가치가 있다. 대화하지 않고 내가 누구인지 왜 이런 성격을 갖게 되었는지 알 수 있는 방법은 없다. 끊임없는 대화로 점점 더 알아가는 것이다.

감정은 내가 오늘 어떤 사람인지를 설명하는 큰 부분일 수 있다. 불편하더라도 한번 직면하는 것이 중요하다. 일단 직면하고 풀어내면 이미 해결되었기 때문에 다시 직면하게 될 때 훨씬 덜 불편하고 평화를 찾을 수 있다.

이제 현실적인 이야기를 해 보자. 학교나 사회생활을 하는 이 시대 모든 사람들이 부정적인 감정이 든다고 아무 때나 폭발하거나 우울해할 수는 없는 노릇이다. 모두가 그렇게 산다면 이 세상은 지뢰밭이 될 것이다. 기분이 상할 때마다 바로 그 감정에 빠져 울거나 분노하는 형식으로 풀어내는 것이 알맞지 않은 상황이 훨씬 더 많다. 그렇다면 언제 어떤 방식으로 풀어내야 할까?

이런 말이 낯설게 느껴질 수도 있지만, 부정적 감정에 빠져 슬픔, 우울, 억울함 또는 분노 같은 감정을 자유롭게 느끼는 데에는 적합한 때와 장소가 있다. 내가 언제 어떤 상황에서 가장 안전하게 내 솔직한 감정을 표현할 수 있을지 곰곰이 생각해보면 알 수 있다. 감정을 마음껏 표출해도 되는 안전한 시간과 공간이 필요하다.

감정을 마음껏 표출해도 누가 뭐라고 하지 않을만한 공간이 가장 이상적이다. 주로 집이나 내 방일 것이다. 또는 영업이 끝나고 텅 빈 사업장일 수도 있다. 자취하는 사람들은 혼자만의 공간인 집에서 하면 가장 편할 것이며 가족들과 함께 사는 사람들 중 가족들의 간섭이나 방해가 없는 가족이 외출하는 시간도 좋을 것이다.

언제라도 누군가에게 연락이 올 수 있는 상황도 안전하지 않다. 혹여 감정에 빠져 자유롭게 울음을 터뜨리고 있는데 전화가 오면 우리는 후다닥 감정을 정리하고 언제든지 그 상황에서 빠져나와야 하기 때문이다.

늘 빠져나올 준비를 하고 있으면 감정에 푹 빠지기 어렵다. 누구에게도 방해받지 않는 상황이 좋다. 그래서 혼자만의 시간을 가질 때는 휴대폰을 비행기모드나 무음으로 전환하거나 꺼 놓는 것도 그 시간을 안전하게 만드는 방법이다.

이렇게 혼자만의 시간을 가질 때 잠들어 있던 부정적인 감정을 더 잘 불러올 수 있는 도구는 감성적인 음악이다. 앞서 감정선이 너무 깊은 슬픈 음악은 긴장감 이완 음악으로 어울리지 않다고 한 바 있다. 하지만 그런 음악도 다 기능이 있다. 감정을 다루는 혼자만의 시간에 딱 적합하다.

우울함, 슬픔, 외로움, 쓸쓸함, 분노, 억울함 등의 감정들은 그 감정을 더 일으킬만한 음악을 듣고 그 감성 안에 빠질 때, 그 응어리가 더 잘 울음 등의 형태로 변화해 세상 밖으로 터져 나올 가능성이 더 높다. 글로 써 내려가거나 소리를 내어 울어도 좋고 종이를 감정이 풀릴 때까지 찢어도 좋다. 어떤 방식으로든 표현되면 감정이 잠잠해지기 시작한다.

음악은 우리의 감정에 지대한 영향을 미친다. 슬플 때 슬픈 음악을 들으면 더 깊은 슬픔에 빠지며 화날 때 화를 내는 내용의 펑크 록이나 메탈을 들으면 그 가수·음악가의 감정에 일체감을 느껴 시원한 감정을 느낄 수 있다. 그 가수가 높은 음을 거침없이 지를 때, 내 마음 속 응어리도 간접적으로 건드려져 해소되기 쉽다.

시작도 내가, 끝도 내가 정한다

이런 음악을 들어도 어느 이상 우울해지지 않는 사람이 있는가 하면 감정이 금방 영향을 받는 사람도 있다. 음악을 듣고 마음껏 부정적인 감정에 빠지면 혹여 우울증에 걸리지는 않을지 걱정하는 사람도 많다.

이 걱정은 아주 타당한 생각이며 그래서 이런 혼자만의 시간을 시도하는 사람들이 기억해야할 이 연습의 핵심 문장이 있다.

'내 기분을 내 맘대로 조절하는 것이다. 기분이 나를 조절하는 것이 아니다'

아돌프 질만 교수가 말했듯 우리에게는 우리 감정을 조절할 능력이 있다. 음악이라는 강력한 도구가 있기에 더 효과적으로 조절할 수 있다. 슬픔에 푹 빠졌다가도 아주 경쾌한 음악을 한동안 듣다보면 어느새 그 감정에서 싹 빠져나올 수 있다. 감정에 깊이 빠진 우수에 젖은 새벽 3시에도 완전히 다른 스타일의 유쾌한 음악을 들으면 그 감정이 금방 깨어지고 현실감각을 찾을 수 있다.

감정에 빠지도록 나를 내버려두는 것도 나의 결정이었으니 그 감정에서 빠져나오도록 하는 것도 나의 결정이야 한다. 그래서 스스로 부정적 감정에 빠져있는 시간의 끝을 정하는 것이 매우 중요하다.

그 끝은 어떻게 정해야할까? 어느 정도 감정을 느끼고 난 후 더 이상 감정이 남아있지 않아 자연스럽게 기분이 개선되기도 한다. 그 때가 끝이다. 또는 강렬하게 감정이 올라오는 경험을 이미 느꼈지만 감정에서 빠져나오지 못한다면, 울기, 생각나는 대로 글로 쓰기, 그림 그리기, 종이 찢기 등 다양한 감정 해소 활동으로 감정을 마무리 짓는 것을 권장한다.

특정한 방식으로 그 감정을 마무리 짓고 어느 정도 마음이 개운해졌다면 끝을 선언하라.

끝을 선언할 때는 밝은 음악과 평화로운 음악 또는 재미있는 음악을 틀면서 그 시간의 끝을 확실히 한다. 깊이 우울하다가 갑자기 유쾌한 음악을 들으면 마음에 약간 불편함이 생길 수도 있다. 기분이 갑자기 바뀌려고 하기 때문에 생기는 불편함이다. 이때는 유쾌한 음악이 당신의 기분을 좋게 할 수 있도록 마음을 활짝 열고 음악의 영향을 마음껏 받는 적극적인 자세가 중요하다. 또는 자신이 좋아하는 웃긴 프로그램을 시청하다보면 금세 그 우울의 잔상이 사라질 수도 있다. 시작도 끝도 스스로 정해야 한다.

반추의 늪

또한 감정에 빠졌을 경우, 자책의 늪에 빠지지 말아야 한다. 루미네이션(rumination)이라는 심리학 용어가 있다. 한국어로 번역하면 '반추'이다. 루미네이션은 스트레스 상황에 일어날 수 있는 우리의 생각 패턴이라고 생각해도 좋다. 어떤 힘든 상황이 일어났을 때 끊임없이 반복적으로 자신의 반응 증상에 대해 생각하고 이런 상황을 초래했을만한 이유를 자신에게서 찾고, 그로 인해 앞으로 일어날 일들에 초점을 맞추는 수동적인 생각 패턴을 말한다.[55] 언뜻 문제해결의 좋은 패턴인 것 같아 보이지만, 사실 정신 건강을 위해 꼭 피해야 하는 생각 방식이다. 문제 해결에도 전혀 도움이 되지 않는다. 예를 들어서 설명해 보면 더 확실히 감이 올 것이다.

누가 지나가다가 나를 밀쳐서 넘어졌다고 하자. 루미네이션(반추) 패턴을 가진 사람들은 첫째로 밀친 사람보다 밀쳐진 자신의 반응에 집중한다.

'왜 나는 밀쳐서 넘어졌는데 화내지 않았지?'
'왜 나는 바보같이 그 자리에 서 있었지? 사람들이 많아서 밀쳐질 수도 있었는데?'

자신을 자책하고 자신에게서 이유를 찾는다. 잘못한 것은 밀친 사람이고 자신은 넘어진 피해자인데도 말이다.

둘째, 자신의 상태와 증상을 반복적으로 생각하고 무력감, 패배감, 상실감에 빠진다.

'그 일을 생각만 해도 그 사건이 기분이 나빠서 다른 일이 손에 잡히지 않아.'
'마음이 불안정해서 집중을 할 수가 없어. 큰일이네.'

마지막으로 이런 자신으로 인해 앞으로 있을 일을 예상하고 불안해한다.

'이런 작은 일에도 마음이 불안해지는 내가 앞으로 회사 일을 잘 해낼 수 있을까? 살면서 이런 일이 많을텐데, 이럴 때마다 이렇게 흔들리면 직장생활을 잘할 수 있을까?'

'누가 밀쳤다고 힘없이 넘어지고 아무런 말도 못하는 바보같은 내가 앞으로 이 험한 세상을 잘 살아낼 수 있을까?'

이런 방향으로 진행되는 생각의 패턴은 사실 굉장히 위험하다. 왜냐하면 반추 패턴에 빠져있는 사람에게 이 패턴은 너무나 논리적으로 느껴지기 때문에 스스로 반박하지 못하고 이 생각들을 그대로 수렴하게 되기 때문이다.[56] 이 말에 반박을 하고 싶어도 너무 맞는 말 같이 느껴지기 때문에 진짜 자기가 바보 같다고 판단하고 자신을 한없이 깎아내린다. 결국 스스로의 생각으로부터 자신을 변호하지 못한다.

이런 반추의 늪은 결국 아무 문제도 해결하지 못한다. 오히려 적극적으로 뭔가 변화시킬 힘을 사라지게 한다. 반추 패턴을 반복하면 그 문제 자체에 온 신경이 집중된 채로 벗어나지 못하게 된다. 실제로 문제 해결을 위한 행동을 하기보다는 그 우울한 감정 상태에 머무르게 된다. 감정과 휘몰아치는 생각들에 신경을 집중하다보면 거기에 에너지를 다 쏟고 점점 무기력해진다. 때문에 더욱 문제 해결을 위한 행동을 할 힘이 사라지는 것이다.

반추 패턴은 우울증을 유발하고, 있는 우울증 증상도 가속화시키는 연료와 같은 존재이다. 부정적인 생각에 더 빠질수록 문제 해결 능력이 도태된다. 문제 해결을 위한 행동을 실천하는 데에 지속적으로 어려움을 겪게 되면 결국에는 사회적인 도움을 받기 어려워지기도 한다.[56]

우울하고 분노하는 감정에 빠져보라고 하는 저자의 권유는 반추에 늪에 빠지라는 것이 아니다. 내 감정에 빠지다보면 위에 설명한 패턴처럼 나를 자책하고 모든 원인을 나에게서 찾으려는 생각이 들어올 때가 있을 수 있다는 점을 미리 경고하고 알려주고 싶다. 내 생각이 나를 공격할 때, '그렇지 않아'하고 나를 변호해 주는 자아가 필요하다.

나 스스로를 변호하는 것은 절대 나쁜 것이 아니다. 자기만 생각하는 이기적인 사람이 되라는 것은 아니다. 자기도 남들과 똑같이 소중한 존재라고 동등하게 생각하라는 것이다. 남들보다 내가 잘난 것도 못난 것도 아니다. 남들도 나도 동등하게 귀하다고 생각하는 것이 가장 이상적이다. 그리고 나를 비하하지 않고 소중하게 생각하는 사람이 되기 위해 위의 말 대신 다음의 말들을 스스로 해줄 필요가 있다.

'왜 나는 밀쳐서 넘어졌는데 화내지 않았지?'

'왜 나는 바보같이 그 자리에 서 있었지? 사람들이 많아서 밀쳐질 수도 있었는데?'

➽ '나는 가만히 있었는데, 왜 넘어뜨리고 지나가지? 사과도 하지 않고 좀 무례하네.' (시선을 나에게서 주변으로 돌리기)

넘어진 이후 마음이 불안해 집중하지 못하는 나를 자책하는 대신 이렇게 말해줄 수도 있다.

'이런 작은 일에도 마음이 불안해지는 내가 앞으로 일을 잘 해낼 수 있을까? 살면서 이런 일이 많을 텐데 이럴 때마다 이렇게 흔들리면 직장

생활을 잘할 수 있을까?'

⋙ '그 일 이후 마음이 좀 불안하고 화가 나네. (감정 인지하기) 한동안 이렇게 느끼는 것이 당연하지. 갑자기 난데없이 밀쳐져 넘어졌으니.' (자기 감정의 타당성을 인정하기)

반추 패턴의 생각들은 아주 논리 정연한 듯 보여서 스스로 반박하기 어려울 수 있다. 그럴 때는 그 생각을 좇아가지 말고 생각을 아예 멈추는 것이 가장 현명한 방법이다. 그리고 스스로에게 이렇게 말하라.

'이런 말들이 지금 논리정연하게 들리는 이유는 내가 감정의 늪에 빠졌기 때문이야. 이 늪 밖에서 다시 생각해 보면 거짓말이라는 걸 금세 알 수 있어. 지금 안 보일 뿐이야. 더 이상 생각을 진행시키지 말자.'

부정적 감정과 생각이 나를 잠식할까봐 무서워하면 할수록 그 감정이 우리를 지배하게 될 수도 있다. 감정도 생각도 나의 것이다. 힘든 감정을 두려워하지 말고 인정하고 느끼고 풀어내라. 충분히 나와의 대화를 나눴다면 당당하게 우울과 분노에 끝을 선언하라. 음악을 통해 내 기분을 내 맘대로 다시 정상으로 되돌리라. 당신은 그럴 힘도 있고 도구도 갖췄다.

음악을 통한 부정적 감정 해소법

1. 혼자 있을 때, 감정을 끌어내는 음악을 통해 현재 자신을 괴롭히는 감정에 젖고 빠져본다.

2. 충분히 시간을 가지고 감정에 빠져 있었다면 끝을 선언하고 마무리 음악을 듣는다.

아래의 플레이리스트 예시는 저자가 개인적으로 생각하는 슬픔·우울, 외로움·쓸쓸함을 끌어내기에 좋은 음악이다. 사람마다 각자 들어온 음악과 음악적 경험이 다르다보니 이 분류는 사람마다 다르게 느껴질 수 있다. 아래의 플레이리스트 예시들을 들어보고 자신에게 더 크게 다가오는 곡들로 자신만의 플레이리스트를 만들어보는 것도 추천한다.

아래의 마무리 음악들로 감정에서 빠져나오지 못하는 경우에는 마음챙김 명상을 시도해 보기를 권장한다. 마음챙김 명상을 통해 산만하고 빠르게 진행되는 생각을 멈추고 호흡이나 신체 감각으로 초점을 옮기라. 반추의 늪에서 감정의 늪에서 빠져나오기 훨씬 쉽다.

슬픔·우울	외로움·쓸쓸함	분노	마무리 음악 1	마무리 음악 2
				개인적으로 열렬히 좋아하는 음악

QR코드를 휴대폰으로 찍어 음악을 들어보세요

일상에서 감정 다스리기

일상을 살다보면 혼자만의 시간을 갖기 어려울 때 꼭 사람들과 함께 있는 상황에서 갈등과 강렬한 감정 스트레스가 생겨난다. 어찌보면 인간관계가 감정 스트레스의 가장 큰 요인 중 하나이다보니 사람들과 함께 있을 때 그런 일이 생기는 것은 너무나 당연한 현상이다.

하지만 누군가 때문에 화가 너무 많이 나 있을 때나 개인적인 일로 인해 우울하거나 짜증나는 등 벗어나기 어려운 감정에 휩싸여 있을 때, 마감시간에 맞춰 일을 해내야만 하는 업무 상황은 절대 쉽지 않다. 특히 발표를 한다거나 회사에 아주 중요한 일의 책임자일 때, 감정을 다스리기가 더 부담스러울 수도 있다. 때로는 다른 스트레스 상황에 집중한 나머지 일을 평소처럼 완벽히 해내지 못해 '정신을 어디에 팔고 다니는 거야?' 같은 꾸지람을 듣는 경우도 있을 수 있다.

수개월간의 피나는 공부 뒤에 드디어 다가온 공무원 시험 전날에 가족이 아프거나 돌아가시는 등의 사건이 있었다고 하자. 감정을 잘 다스리고 시험에서 제 실력을 발휘할 수 있을지 한번 상상해 보라. 이번 시험을 놓치면 1년을 더 공부해야 하는 중대한 시험이다. 감정을 다스리려 노력하며 시험을 볼 것인가 아니면 감정을 다스릴 자신도 없고 자식 된 도리를 다하기 위하여 시험을 포기할 것인가?

우리는 살면서 종종 감정을 다스려야만 하는 순간들을 만나고 어떻게든 살아낸다. 때로는 감정을 다스리려 노력하지만 결국 못 다스려서 일을 그르치기도 하고 때로는 성공적으로 그 순간에 집중해 과제를 해내기도 한다. 이런 순간들은 누구에게나 어렵다. 이때는 음악이 도움을 줄 수 있다.

감정 미루기

감정은 지금 처리하지 않아도 다음에 다시 찾아오는 존재라고 앞서 말했듯 우리는 감정을 미룰 수 있다. 많은 사람들이 감정 스트레스를 해소하는 것보다는 미루는 데에만 전문가인 것 같은 느낌이 들 정도로 우리는 어쩌면 '네 감정은 중요하지 않아. 할 일을 제대로 하는게 우선이야' 라는 가르침만을 듣고 자라왔는지도 모른다. 그래서 힘든 감정을 억지로 외면하고 일에만 집중하려고 애쓰는 것이 유일한 방법이라고 생각한다.

감정을 미뤄야하는 상황들은 분명 존재한다. 하지만 억지로 외면하는 것에는 부작용이 있다. 어떤 갈등 상황에 관련하여 내 머리 속에 들어오는 생각들을 억지로 무시하고 스스로를 책망하며 일을 해 나가다 보면, 어떨 때는 성공적으로 일에 집중하게 되기도 하지만 종종 일도 제대로 안 되고 나도 힘든 경우가 많다.

억지로 내 감정을 누를 때 우리는 스스로에게 이런 식으로 말할 때가 있다.

'지금 그런 쓸데없는 감정에 빠져있을 때야? 조용히 해. 나중에 생각해.'

하지만 어떤 갈등상황으로 인해 감정이 올라오는 것은 지극히 당연한 일이다. 감정을 가진 인간이라면 누구나 감정이 오르락내리락 하면서 살아가는 것이다. 그런 타당한 감정을 종종 쉽게 '쓸데없는 감정'이라든지 중요하지 않은 감정이라고 치부해 버리는 경우가 있는 것이다.

그리고 자연스럽게 감정을 처리할 시간이 없었음에도 무조건 억누르는 것을 지속적으로 할 경우에는 결국 나중에 억울함, 비참함, 자기 비관으로 돌아올 가능성이 높다. 자꾸 외부적인 과제나 업무를 위해 나를 외면할 때 '나는 과연 일하는 기계일까? 누구를 위해 사는 걸까?'라는 큰 질문들로 이어질 수 있다.

이 책 내내 우리는 음악은 감정에 영향을 쉽게 끼치는 엄청난 힘이 있다. 그리고 그 영향력을 듣는 이가 인지하지 못할 정도로 자연스럽게 무의식의 영역에서 감정 변화가 일어난다고 말한 바 있다. 따라서 눈앞에 닥친 과제를 해내기 위해 감정을 미루는 방법 중에 가장 '억지로' 외면하는 느낌이 안 드는 것도 바로 음악이다.

음악으로 기분과 감정을 조절하는 방법의 가장 큰 이점은 위화감이 적다는 것이다. 갑자기 감정에 변화를 일으키고자 하면 되지 않는 법이니 위화감은 다 들기 마련이다. 음악이 그 중 제일 불편함이 적고 자연스럽다는 것이다.

하지만 화가 많이 나 있는 상황에서 발랄하고 기쁘기만 한 댄스 음악을 듣는다고 그 감정에 공감이 되기는 힘들다. 기분이 좋아지기는커녕 짜증만 나는 경우도 생길 수 있다.

음악으로 감정 미루기의 키워드는 달래기와 초점 옮기기이다.

적용① 화가 났을 때는 달래기

화가 났을 때 사람들이 가장 원하는 것은 무엇일까? 첫째는 화가 나게 된 상황이 해결되는 것이며 둘째는 화가 날 정도로 내가 공격받았다는 사실을 누군가 인정하고 공감하며 달래주는 것이다.

공감해주는 역할을 역사적으로 잘 해준 장르가 있다. 록이다. 록은 1960년대와 1970년대를 지배했던 큰 대중 트렌드였다. 당시 영국 음악 차트의 거의 모든 곡들이 록이었을 정도이다.[57]

록은 당시 젊은이들의 생각과 고민들을 아주 강렬한 수준으로 대신 성토하고 외쳐줌으로써 엄청난 대리만족을 느끼게 했다. 남들과 다른 나만의 생각을 자신 있게 표출하도록 도와주었고 특히 젊은 세대들이 겪고 있던 부모 세대와의 세대 갈등을 콕 집어 드러내 기성세대를 비판해 주었다. 그야말로 성난 세대를 공감해 준 것이다.[57]

그러므로 성난 세대를 공감해 주기 위해 태어난 락 장르는 애초부터 분노를 해소하기에 가장 좋은 음악으로 만들어진 것이라 할 수 있겠다.

하지만 당장 일을 해야 하는 상황에서 장시간 록 음악을 들으면 음악이 시끄러워 집중이 안 될 수도 있다. 챕터 마법II에서 살펴보았듯이 신경을 너무 잡아끄는 음악은 궁극적으로 집중에 방해가 되기 때문이다.

저자는 강렬하게 1곡에서 2곡 정도를 들으며 감정을 대리 해소시킨 후 진정시키는 음악으로 넘어가는 방식으로 가장 큰 효과를 보았다.

어떤 일로 인한 반응으로 나타나는 감정은 자연적으로 3분에서 5분 정도면 지나간다. 사실 감정이 얼마나 오래 남아있는가에 대해서는 아직도 연구들마다 의견이 분분하다. 하지만 '5분 이상 남아있는 감정들은 가짜다'라는 문장을 기억하기만 해도 그 이후에 이어지는 감정의 흐름을 보다 쉽게 떨쳐낼 수 있다.

우울증을 호소하는 사람들은 주로 우울감에 하루 종일 빠져 있다. 우울하지 않은 순간이 손에 꼽을 정도인 경우도 많다. 하지만 3분~5분이 지난 후 느껴지는 감정은 반추 패턴, 감정을 되새김질하면서 다시 연료를 얻어 재탕, 삼탕하고 있다고 생각해도 좋다.

보통 일반적인 대중음악 한 곡은 3분에서 6분 사이이다. 충분히 자연스럽게 감정을 다루기에 얼마나 편리한 도구인가?

더이상 분노라는 감정에 휩싸여 있으면 안 되는 업무·과제 상황에는 감정이 사라지기 전 5분 동안 1~2곡 정도 록 음악을 들으며, 앞으로 살짝씩 헤드뱅잉을 하며 간접적으로 해소하는 시간을 가지라. 그 이후 진정시키는 음악, 긴장감 이완 음악을 들으며 높아진 혈압, 호흡, 근육 긴장도를 이완시키라.

화를 달래는
플레이리스트 예시

적용② 우울할 때는 머리에서 몸으로

우울한 생각이나 감정에 빠졌다면 빠르게 머리에서 몸으로 감각의 초점을 옮기는 것이 좋다. 마음챙김 명상이 이에 특효약이다. 자신의 호흡소리를 듣고 몸의 감각을 느껴보고 때로는 허벅지를 손으로 치거나 발을 바닥에 굴러보는 등 신체 감각에 집중하다 보면 우울한 생각이나 불안한 상태를 조금은 멈출 수 있다.

음악 중에서도 특히 머리가 아닌 신체로 초점을 옮겨주는 음악이 있다. 노래는 몰라도 듣는 순간 몸이 강력하게 움직이고 싶어지게 하는 것이 바로 흑인 음악이다. 흑인 문화권에서 영향을 받은 장르들에 대해 저명한 음악사회학자, 사이먼 프리스(Simon Frith)는 이렇게 말했다.

> '아프리카의 것'은 '유럽인의 것들'보다 더 원초적이고 자연스럽게 흘러간다. 따라서 아프리카 음악은 유럽의 음악과 확연히 다르다. 리듬을 사용하는 방식에 있어서 아프리카의 음악이 더 원초적이며 감각적이다.[58]

프리스 교수가 말하는 유럽인의 음악은 첫째로 클래식이다. 클래식은 유럽 음악이다. 그리고 클래식은 이 시대 서양음악의 음계, 조성, 리듬 형태를 제공했다.

4/4, 6/8 같은 학교 음악시간에 봤을 박자표들도 사실은 굉장히 인위적인 접근이다. 모든 마디를 자로 잰 듯 동일한 박자로 쪼개야하기 때문이다.

음정도 마찬가지이다. 도레미파솔라시도에 정확하게 안착해야 음정이 맞다고 표현한다. 하지만 인간과 악기가 음정을 그렇게 정확하게 표현하는 것은 상당히 어려운 일이다. 자연스럽게 소위 '칼음정'을 맞출 수는 없다. 연습과 훈련을 통해서만 가능하다.

반면에 우리나라 음악도 판소리나 창을 들어보면 음정에 딱 안착하여 인위적인 소리를 내기보다 음을 휘어지게 밀어 올리거나 음정이 안 들리도록 말하는 소리에 더 가깝게 내는 창법들이 있다.

이처럼 흑인들의 음악은 리듬에 있어서 가장 원초적이고 자연스러운 음악이라고 볼 수 있다. 흑인 문화권에서 영향을 받은 장르들은 인간에게 가장 가까운 유기적인 리듬을 사용하기 때문에 신체반응을 이끌어내는 데에 탁월하다. 흑인 음악 장르를 신체 반응 유도가 가장 약한 순서로 나열해 보면 흑인 음악에 영향을 받은 팝부터, 소울·알앤비, 레게, 힙합 등이 있을 것이고 그 맨 끝에는 '가스펠'이라는 장르가 있을 것이다.

'블랙 가스펠'은 기독교 음악이다. 흑인 교회에서 부르는 찬송곡이다. 하지만 가사의 내용과 상관없이 리듬적인 요소가 아주 뛰어나고 원초적이기 때문에 신체 반응을 일으키는 데에 가장 탁월한 음악이다. 음악적으로도 아주 최고의 기량을 뽐내는 장르이기 때문에 기독교인이 아닌 일반 음악인들에게도 사랑을 많이 받는 장르이기도 하다. 특히 재즈나 소울을 하는 뮤지션들에게 블랙 가스펠은 꼭 한번 연주해 보고 싶은 장르이다.

기독교가 싫고 그 교리를 받아들일 마음이 없는 사람에게도 이 장르를 조심스럽게 추천하는 이유는 이 장르의 리듬이 워낙 강렬하다보니 기분 조절 효과가 전 장르 중 최고 수준이라 할 수 있기 때문이다.

가사가 마음에 걸린다면 영어나 다른 언어로 된 블랙 가스펠 장르를 듣는 것도 추천한다. 혹 가사가 궁금하다면 한국어로 된 블랙 가스펠 장르가 아예 없는 것도 아니다. 종종 대중음악 공연에서 흑인 합창단과 흡사한 소리를 내 주는 '헤리티지'라는 합창단의 음악은 블랙 가스펠에 들어가는 음악이다.

들으면서 신체를 움직이게 되거나 움직이고 싶은 충동이 들게 되는 음악이다 보니 우울한 생각과 감정에 빠졌다가도 빠르게 신체로 초점을 옮기는 데에 그만이다.

비슷한 리듬적 특성을 지닌 음악으로 라틴 음악이 있다. 라틴계열 음악은 춤을 위해 만들어진 장르이기 때문에 들으면 춤을 추고 싶어지도록 설계되어 있다. 사람마다 라틴 음악이 얼마나 어필하는지 그 정도의 차이는 있지만 블랙 가스펠이 별로라면 그 다음 후보 장르는 라틴 음악일 것이다. 하지만 그 중 빠른 곡들만을 추천한다. 라틴 곡들은 단조 계열이 많아 느린 곡은 자칫 우수나 우울감에 더 빠지게 할 수 있기 때문이다.

우울함을 타파하는
블랙 가스펠 플레이리스트

우울함을 타파하는
라틴 음악 플레이리스트

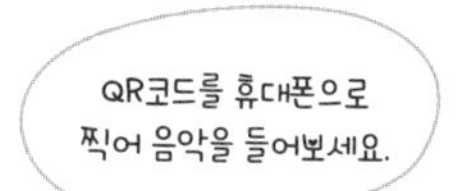

적용③ 불안할 때에는 진정시키기

불안한 증상이나 감정이 너무 강해 호흡이 빨라지고 심장이 뛴다면 진정시키는 음악이나 긴장감 완화 음악이 좋다. 마법I 챕터에서 나눴던 긴장감 완화 플레이리스트를 이 페이지에 다시 공유한다. QR코드 안에 있는 세 가지 플레이리스트를 들어보고 자신에게 맞는 리스트를 선택하면 좋다.

긴장감 이완 플레이리스트

1. 피아노 중심 느린 경음악
2. 보컬이 있는 느린 기타 중심 음악
3. 느리고 여유로운 재즈 음악

(QR코드를 휴대폰으로 찍어 음악을 들어보세요)

당면한 과제를 위해 부드럽게 감정을 미루는 음악을 소개했다. 하지만 반드시 기억해야할 것은 미뤄둔 감정은 언젠가 해소시켜줘야 한다는 것이다. 당면한 과제를 해낸 후, 혼자만의 시간을 가질 수 있는 환경이 되면 그 때는 음악을 통해서든 어떤 방식으로든 부정적 감정 해소법으로 해소할 수 있어야 건강한 마음 상태를 거뜬히 가볍게 유지해 나갈 수 있다.

나를 프로그래밍하다

기분 관리법은 사실 음악을 듣고 다닐 수 있게 된 시점부터 늘 우리 곁에 있었다. 음악을 들고 다닌 다는 게 무슨 뜻일까? 음악적 경험은 원래 장소와 강력하게 연루되어 있었다. 음악을 듣기 위해서는 음악 연주자들이 있는 장소에 가야만 들을 수 있었다. 피아노가 있는 장소에 피아노 연주자가 있어야만 피아노 연주를 들을 수 있었고 오페라 극장에 가야만 유명 성악가의 노래를 들을 수 있었다.

하지만 녹음 기술이 발달되면서 음악과 장소의 연결 고리는 끊어졌다. 꼭 공연장을 가지 않아도 집에서 축음기로, CD 플레이어, 컴퓨터, TV, MP3, 스마트폰만 있다면 음악을 들을 수 있게 된 것이다.

이러한 변화는 음악의 대중음악의 의미를 바꾸어 놓았다. 음악을 연주 현장에서 밖에 들을 수 없던 시대의 사람들은 연주자들의 움직임에 집중하며 음악을 감상해왔다. 공연 그 자체에 청각과 시각 모두를 집중했던 것이다. 하지만 집에서 같은 음악을 들으면 분명 시각적으로 다른 광경을 보며 음악을 듣게 된다.

소비자들 입장에서는 언제 어디서나 음악을 들을 수 있어 엄청 편해졌다. 하지만 더 큰 변화가 쥐도 새도 모르게 일어났다. 음악을 듣는 장소와 상황에 따라 같은 음악도 다르게 들리는 효과가 생긴 것이다.

같은 곡들로 구성된 플레이리스트이더라도 유난히 고단했던 하루 일과를 마치고 터덜터덜 집으로 돌아가는 길에 들으면 여행을 떠나는 길에 들었을 때와 다르게 느껴질 것이다. 누군가와 열렬한 교제를 할 때 들었던 음악이 이별 뒤에 들으면 다른 느낌으로 다가오는 것이다. 음악이 우리의 삶 속으로 들어와 매 순간 재해석되는 것이다.

우리가 살면서 경험하는 모든 것은 'Doing', 'Being', 'Feeling' 이 세 가지 중에 한 가지 상황이라고 볼 수 있다. 'Doing'은 어떤 일이나 행동을 하는 상황, 'Being'은 특정한 상태로 있는 상황, 'Feeling'은 어떤 감정을 느끼는 상황이라고 보면 된다. 따라서 걷고, 뛰고, 일하고, 공부하고, 먹고, 마시는 이 모든 것은 'Doing'이다. 쉬고 있는, 누워 있는, 앉아 있는, 바람을 맞고 있는 지금 이 순간에 귀속되는 모든 상태들은 'Being'이다. 슬프고, 우울하고, 지루하고, 기쁘고, 신나는 감정들을 우리는 'Feeling', 느낀다. 특히 서양권에서는 이 세 가지(Doing, Being, Feeling)에 맞춰 음악을 듣는 것이 현재 사람들이 음악을 소비하는 가장 일반적인 방식이 되었다.

한 곡 한 곡을 '어느 가수의 무슨 곡'으로 보는 것을 넘어서서 조깅할 때 듣는 음악(Doing), 잠을 청하기 전 누워 있을 때 듣는 음악(Being), 우울할 때 듣는 음악(Feeling)이라고 명명되는 것이다. 매년 더 많은 사람들이 의도적으로 이렇게 음악을 삶의 상황에 따라 다르게 사용하며 자신의 삶을 프로그래밍하고 있다.

구체적으로 어떻게 사용하는 것이 음악으로 삶을 프로그래밍하는 것일까? 티아 데노라(Tia DeNora)라는 저명한 음악 사회학 교수의 책, 『Music in Everyday Life(매일의 삶 속 음악)』을 보면 흥미로운 예시들이 많이 나온다.

이 교수가 인터뷰한 사람들은 공통적으로 특정 상황과 시간에 특정 음악을 꼭 들어야만 한다고 말했다. 그들이 특정 상황에 피하는 음악도 명확했다. 오랜 시간 음악을 사용하여 삶을 풍요롭게 해온 경험이 쌓여 그들만의 선호하는 기분 조절 방식이 생긴 것이다. 이 책에 나오는 인물들의 예시를 한번 살펴보자.

알람소리 대신 알람 음악

영화 '로맨틱 홀리데이'를 보면 LA에 있는 여주인공 집 침실에는 알람 버튼이 있다. 일어나기 싫어서 도저히 몸을 일으킬 수 없을 것 같았지만 침대 옆 버튼 하나를 누르니 아주 신나고 흥겨운 곡이 흘러나온다. 시끄럽고 빨리 꺼 버리고 싶은 소리가 아니라 경쾌하고 신나는 음악을 들으면서 기분 좋게 잠에서 깨어나게 도와주는 것이다. 잠에서 깰 뿐만 아니라 몸을 흔들고 춤을 추고 싶은 상태로 일어나게 되니 자연스럽게 신체 에너지도 넘치는 아침 시간을 만들 수 있는 것이다.

위 문단을 통해 우리가 알 수 있는 사실은 신나는 음악을 듣는 것이 알람 소리보다 더 '기분 좋게' 일어나는 방법이라는 것과 '춤을 추고 싶은 기운 넘치는 아침 시간'이 된다는 점이다. 감정적인 상태와 신체적인 에너지 모두에 영향을 미치는 것이다. 데노라 교수도 알람 음악을 사용하는 사람들을 많이 관찰하고 책에 기록했다. 그 중 한 답변자는 이렇게 말했다.

> "아침에 시끄러운 알람 소리가 터져 나오는 것보다 훨씬 부드럽습니다. 내일 힘든 일정이 예상되는 날에는 항상 자기 전 밤에 알람 음악을 맞춰 놓고 잡니다."

음악은 위화감이나 거부감을 가장 덜 수반하는 도구이기 때문에 알람 소리를 음악으로 설정하면 훨씬 자연스럽게 긍정적인 감정 상태로 기상할 수 있다.

교수가 인터뷰 한 사람 중 베키라는 응답자는 기분과 몸의 에너지를 조절하는 자신만의 몇 가지 방식을 소개한다.

휴식할 때

"긴장을 이완하고 쉬고 싶을 때에는 바다 소리나 돌고래 소리를 들어요. 평화로운 소리라고 느끼거든요. 저를 진정시키고 아주아주 편안하게 해줍니다."

외출하기 전에

"외출하려고 준비할 때 음악 테이프를 듣는 편이에요. 주로 시끄럽고 강한 음악을 트는 편인데요. (웃음) 제가 가는 곳의 성격에 맞는 기분과 에너지를 얻기 위해 사용해요. … 별로 가고 싶지 않은 곳에 가야하는 경우에는 아주 생기 있는 음악을 틀고 가고 싶은 기분이 들도록 노력해요."

편안하게 몸의 긴장이 풀어지는 것도 친구들과 놀러 가기 전에 축 늘어진 몸에 활력을 불어넣는 것도 신체적인 에너지를 북돋는 일이다. 베키라는 응답자는 그닥 가기 싫은 곳에 가야하는 동기부여가 안 되는 상황들에서 음악을 사용해 자연스럽게 기분과 에너지를 북돋는 법을 터득한 것이다.

많은 다른 답변자들도 비슷한 방식으로 가기 싫거나 몸을 움직이기 싫은 상황에서 움직일 수 있도록 음악을 사용한다고 답했다고 한다. 다른 응답자인 낸시, 레슬리, 그리고 55세 심리치료사인 엘레인도 비슷한 답변을 했다.

> "매일 아침 출근하는 길에 컨트리 음악만 트는 라디오 채널을 들어요. … 아주 생기 있는 음악이라서요."
>
> \- Elaine

> "아침에 제일 처음 듣는 음악은 일어나서 기운 차릴 수 있게 해 주는 음악, 신나고 활기찬 음악을 들어요. 밤늦게 외출해야하는 경우도 비슷하죠."
>
> \- Nancy

> "음악은 어떤 면에서는 무감각하게 만드는 것처럼 계속 하던 일을 진행할 수 있게 해줘요. 음악을 들으면 집안일이든 무슨 일이든 생각 없이 계속하게 되는 거죠."
>
> – Lesley

이 밖에도 주로 직장으로 출근하기 전이나 집안일을 하기 전에 그런 음악을 사용한다고 답했다. 각 상황과 활동들에 맞게 자신의 기분과 에너지를 조절하는 것이다. 각자의 상황에 따라 본인의 에너지 시스템을 재구성하거나 프로그래밍하는 것과 비슷하다.

이 책에서도 그런 방법들을 계속 소개해왔다. 스트레스나 긴장 상황에서 듣는 음악, 공부 또는 일할 때 듣는 음악, 명상할 때 듣는 음악, 매장에서 듣는 음악, 운동할 때 듣는 음악, 친목 모임을 할 때 듣는 음악, 우울할 때·화날 때 듣는 음악, 감정을 미뤄야할 때 듣는 음악들이다.

이 모든 다양한 음악을 가지고 당신의 삶을 프로그래밍해 보길 바란다. 감정적 스트레스가 없을 수 없는 현대 사회에 살고 있지만, 음악으로 나의 긴장감을 풀어주고 집중력을 도와주며 나를 보살피고, 분위기를 만들며 신체 에너지를 올리면서 힘을 내고 동기를 부여하고 힘든 감정을 달래고 풀어주고 해소하는 마음이 건강한 삶을 살아갈 수 있을 것이다.

감정 스트레스는 현대 사회를 살아가는 누구에게나 힘들다. 특히 각자가 가진 인생 속 상처들이나 트라우마와 그 감정 스트레스가 만나면 더욱 고통스러울 수 있다. 하지만 당신은 자기 기분을 자기 마음대로 조절할 수 있는 힘이 있는 사람이다. 스스로를 믿고 일상이라는 차에 타서 음악을 켜라. 그리고 음악과 함께 삶의 운전대를 힘껏 잡으라.

참고문헌

01 권기복. 2020. 한 컷의 인문학: 거대한 지식을 그림으로 잘게 썰어보기. 1st ed. 서울: (주) 웨일북.

02 권기복. 2020. 한 컷의 인문학: 거대한 지식을 그림으로 잘게 썰어보기. 1st ed. 서울: (주) 웨일북.

03 Hochschild, Arlie Russell. 1979. "Emotion Work, Feeling Rules, And Social Structure". *American Journal Of Sociology 85* (3): 551–75. http://www.jstor.org/stable/2778583.

04 Kassabian, Anahid. 2013. *Ubiquitous Listening: Affect, Attention, And Distributed Subjectivity.* 22nd ed. London: University of California

05 Doolittle, Emily, and Bruno Gingras. 2015. "Zoomusicology". Current Biology 25 (19): R819-R820. doi:10.1016/j.cub.2015.06.039.

06 Gray, Patricia, Bernie Krause, Roger Payne, and Jelle Atema. 2001. "The Music of Nature and The Nature of Music". *Science* 291: 52-54.
https://www.researchgate.net/publication/235232340_The_Music_of_Nature_and_the_Nature_of_Music

07 Koopman, John. 1999. "A Brief History Of Singing". Www2.*Lawrence.Edu.*
https://www2.lawrence.edu/fast/KOOPMAJO/antiquity.html

08 Diamond, Stephen. 2012. "Why We Love Music—And Freud Despised It". Psychology Today. https://www.psychologytoday.com/us/blog/evil-deeds/201211/why-we-love-music-and-freud-despised-it

09 Freud, Sigmund. 1955. *The Moses Of Michelangelo (1914).* London: The Hogarth Press Limited.

10 DeNora, Tia. 2000. *Music In Everyday Life.* 3rd ed. Cambridge, United Kingdom: Cambridge University Press.

11 Jäncke, Lutz. 2008. "Music, Memory And Emotion". *Journal Of Biology* 7 (6): 21. doi:10.1186/jbiol82.

12 Brown, Örjan, and Bengt-Arne Wallin. 2006. *Music And Manipulation.* New York: Berghahn Books.**13** Köhler, J, Wagner's Hitler. The Prophet and his Disciple. (1997)

13 Kohler, Joachim. 2001. *Wagner's Hitier.* 4th ed. Cambridge: Polity Press.

14 Turino, Thomas. 2008. *Music As Social Life.* 17th ed. Chicago: University of Chicago Press.

15 Lehtonen, Kimmo, and Michael Shaughnessy. 2015. "Sigmund Freud'S Enigmatic Relationship To Music". *International Journal Of Advances In Psychology 4* (0): 1. doi:10.14355/ijap.2015.04.001.

16 Gay, Peter. 1987. Freud: *A Life For Our Time.* New York: W. W. Norton Company.

17 Koelsch, Stefan. 2014. "Brain Correlates Of Music-Evoked Emotions". *Nature Reviews Neuroscience* 15 (3): 170-180. doi:10.1038/nrn3666.

18 Bell, John. 1797. *Bell's British Theatre Vol.* XIX. London: British Library.

19 Guided Imagery, *Biofeedback, And Hypnosis: A Map Of The Evidence.* 2019. Ebook. Washington: U.S. Department of Veterans Affairs. https://www.ncbi.nlm.nih.gov/books/NBK545738/pdf/Bookshelf_NBK545738.pdf

20 Warneck, L. Trance as a therapy: A hypnosis self-experiment (2018)

21 Bhandari, Smitha. 2022. "Hypnosis And Mental Health". *Webmd.* https://www.webmd.com/mental-health/mental-health-hypnotherapy

22 Sweet, Paige L. 2019. "The Sociology Of Gaslighting". *American Sociological Review* 84 (5): 851-875. doi:10.1177/0003122419874843.

23 Mao, Nan. 2022. "The Role Of Music Therapy In The Emotional Regulation And Psychological Stress Relief Of Employees In The Workplace". *Journal Of Healthcare Engineering* 2022: 1-7. doi:10.1155/2022/4260904.

24 Bernardi, L., Porta, C., Casucci, G., Balsamo, R., Bernardi, N., Fogari, R. and Sleight, P., Bernardi, Luciano, Cesare Porta, Gaia Casucci, Rossella Balsamo, Nicolò F. Bernardi, Roberto Fogari, and Peter Sleight. 2009. "Dynamic Interactions Between Musical, Cardiovascular, And Cerebral Rhythms In Humans". *Circulation* 119 (25): 3171-3180. doi:10.1161/circulationaha.108.806174.

25 Falk, Dean. 2004. "Prelinguistic Evolution In Early Hominins: Whence Motherese?". *Behavioral And Brain Sciences 27* (4): 491-503. doi:10.1017/s0140525x04000111.

26 Topics, Caregiving, Mental Health, and Marlo Sollitto. 2022. "Go Ahead, Have A Good Cry: 5 Reasons Why It's Good For You". *Agingcare.Com.* https://www.agingcare.com/articles/reasons-why-crying-is-good-for-your-health-146022.htm

27 "All About Heart Rate (Pulse)". 2015. *American Heart Association.* https://www.heart.org/en/health-topics/high-blood-pressure/the-facts-about-high-blood-pressure/all-about-heart-rate-pulse.

28 Yehuda, Nechama. 2011. "Music And Stress". *Journal Of Adult Development* 18 (2): 85-94. doi:10.1007/s10804-010-9117-4.

29 Yehuda, Nechama. 2011. "Music And Stress". *Journal Of Adult Development* 18 (2): 85-94. doi:10.1007/s10804-010-9117-4.

30 Moraes, Michele M., Patrícia C.R. Rabelo, Valéria A. Pinto, Washington Pires, Samuel P. Wanner, Raphael E. Szawka, and Danusa D. Soares. 2018. "Auditory Stimulation By Exposure To Melodic Music Increases Dopamine And Serotonin Activities In Rat Forebrain Areas Linked To Reward And Motor Control". *Neuroscience Letters* 673: 73-78. doi:10.1016/j.neulet.2018.02.058.

31 Weller, Claire M., and Felicity A. Baker. 2010. "The Role Of Music Therapy In Physical Rehabilitation: A Systematic Literature Review". *Nordic Journal Of Music Therapy* 20 (1): 43-61. doi:10.1080/08098131.2010.485785.

32 "[공연S] 'Forever-H.O.T.'…17년 전 소녀-소년을 소환하다". 2018. SPOTV NEWS. http://www.spotvnews.co.kr/news/articleView.html?idxno=241559.

33 Benson, Herbert, and William Proctor. 2004. The *Breakout Principle: How To Activate The Natural Trigger That Maximizes Creativity, Athletic Performance, Productivity And Personal Well-Being.* 10th ed. New York: Scribner.

34 Levitin, Daniel J. 2015. *The Organized Mind.* New York: Dutton an imprint of Penguin Random House.

35 조준모. 2014. "명상음악의 효과검증을 위한 뇌파특성 분석". *The Journal Of The Korea Institute Of Electronic Communication Sciences* 9 (10): 1139-1144.

36 Jones, Simon C., and Thomas G. Schumacher. 1992. "Muzak: On Functional Music And Power". *Critical Studies In Mass Communication* 9 (2): 156-169. doi:10.1080/15295039209366822.

37 Yalch, Richard, and Eric Spangenberg. 1990. "Effects Of Store Music On Shopping Behavior". *Journal Of Consumer Marketing* 7 (2): 55-63. doi:10.1108/eum0000000002577.

38 Dillman Carpentier, Francesca R., and Robert F. Potter. 2007. "Effects Of Music On Physiological Arousal: Explorations Into Tempo And Genre". *Media Psychology* 10 (3): 339-363. doi:10.1080/15213260701533045.

39 Dalla Bella, Simone, Isabelle Peretz, Luc Rousseau, and Nathalie *Gosselin*. 2001. "A Developmental Study Of The Affective Value Of Tempo And Mode In Music". Cognition 80 (3): B1-B10. doi:10.1016/s0010-0277(00)00136-0.

40 Webster, Gregory D., and Catherine G. Weir. 2005. "Emotional Responses To Music:

Interactive Effects Of Mode, Texture, And Tempo". *Motivation And Emotion* 29 (1): 19-39. doi:10.1007/s11031-005-4414-0.

41 Donovan, Robert, and J Rossiter. 1982. "Store Atmosphere: An Environmental Psychology Approach". *Journal Of Retailing* 58 (1): 34-57.

42 Freeman, Walter J. 1998. "A Neurobiological Role Of Music In Social Bonding". *Brain, Music And Dance* 1: 411-424. https://escholarship.org/uc/item/9025x8rt.

43 Overy, Katie, and Istvan Molnar-Szakacs. 2009. "Being Together In Time: Musical Experience And The Mirror Neuron System". *Music Perception* 26 (5): 489-504. doi:10.1525/mp.2009.26.5.489.

44 Avenanti, Alessio, Domenica Bueti, Gaspare Galati, and Salvatore M Aglioti. 2005. "Transcranial Magnetic Stimulation Highlights The Sensorimotor Side Of Empathy For Pain". *Nature Neuroscience* 8 (7): 955-960. doi:10.1038/nn1481.

45 Zatorre, Robert J., Joyce L. Chen, and Virginia B. Penhune. 2007. "When The Brain Plays Music: Auditory–Motor Interactions In Music Perception And Production". *Nature Reviews Neuroscience* 8 (7): 547-558. doi:10.1038/nrn2152.

46 Pope, Paul, Alan M. Wing, Peter Praamstra, and R. Chris Miall. 2005. "Force Related Activations In Rhythmic Sequence Production". *Neuroimage* 27 (4): 909-918. doi:10.1016/j.neuroimage.2005.05.010.

47 Zatorre, Robert J., Joyce L. Chen, and Virginia B. Penhune. 2007. "When The Brain Plays Music: Auditory–Motor Interactions In Music Perception And Production". *Nature Reviews Neuroscience* 8 (7): 547-558. doi:10.1038/nrn2152.

48 Zatorre, Robert J., Joyce L. Chen, and Virginia B. Penhune. 2007. "When The Brain Plays Music: Auditory–Motor Interactions In Music Perception And Production". *Nature Reviews Neuroscience* 8 (7): 547-558. doi:10.1038/nrn2152.

49 Chtourou, Hamdi. 2013. "BENEFITS OF MUSIC ON HEALTH AND ATHLETIC PERFORMANCE.". *Journal Of Communications Research* 5 (4): 491-506.

50 Fukuie, Takemune, Kazuya Suwabe, Satoshi Kawase, Takeshi Shimizu, Genta Ochi, Ryuta Kuwamizu, Yosuke Sakairi, and Hideaki Soya. 2021. "Groove Rhythm Stimulates Prefrontal Cortex Function In Groove Enjoyers". *Scientific Reports* 12 (1). doi:10.1038/s41598-022-11324-3.

51 김병준. 2021. 스포츠 심리학의 정석. 1st ed. 서울: 레인보우북스.

52 Koch, Philipp, and Björn Krenn. 2021. "Executive Functions In Elite Athletes – Comparing

Open-Skill And Closed-Skill Sports And Considering The Role Of Athletes' Past Involvement In Both Sport Categories". *Psychology Of Sport And Exercise* 55: 101925. doi:10.1016/j.psychsport.2021.101925.

53 Zillmann, Dolf. 1988. "Mood Management: Using Entertainment To Full Advantage". In *Communication, Social Cognition, And Affect,* 147-171. Lawrence Erlbaum Associates, Inc.

54 Rosen, Larry, Yalda T. Uhls, Adam Gazzelay, and Kara S. Bagot. 2021. *The Social Dilemma – Bonus Clip: The Mental Health Dilemma.* DVD. Exposure Labs.

55 Nolen-Hoeksema, Susan, Blair E. Wisco, and Sonja Lyubomirsky. 2008. "Rethinking Rumination". *Perspectives On Psychological Science 3* (5): 400-424. doi:10.1111/j.1745-6924.2008.00088.x.

56 Butler, Lisa D., and Susan Nolen-Hoeksema. 1994. "Gender Differences In Responses To Depressed Mood In A College Sample". *Sex Roles* 30 (5-6): 331-346. doi:10.1007/bf01420597.

57 LEVINE, HAROLD G., and STEVEN H. STUMPF. 1983. "Statements Of Fear Through Cultural Symbols". *Youth &Amp; Society* 14 (4): 417-435. doi:10.1177/0044118x83014004002.

58 Frith, Simon. 1996. *Performing Rites: On the Value Of Popular Music.* Cambridge (Massachusetts): Hardvard University Press.

내 기분 내 맘대로 조절하기

펴낸날	1판 1쇄 2022년 10월 18일
글쓴이	김은숙
펴낸이	채윤성
펴낸곳	나다운나
디자인	한미나
주 소	서울특별시 은평구 증산로13가길 9-11, 302호
전 화	01071241671
팩 스	05040461671
ISBN	979-11-976844-5-6 (03190)